U0016381

寫下來，奇蹟就會發生

讓人改變與覺醒的百日魔法書

附「引發奇蹟的祕法」音檔

石田久二／著　謝敏怡／譯

目次

一個祕訣，連續100天，每天寫下三個願望。
你將發生某種變化。
「夢想不會實現」的想法，將轉換成「夢想一定會實現」。

你只需要準備一枝筆和三個願望。
百日奇蹟，就從今天開始──

引導我們走向覺悟的魔法之書

感謝你閱讀本書。

在翻開這本書的瞬間，無論你是否同意，你已經站在人生的交叉路上了。你要選擇實現願望的人生，還是維持現狀的人生？你可以自由選擇。假如選擇實現願望的人生，希望你好好利用本書，不是讀完就好。

這本書設置了可以實現夢想的機關，可以說是「魔法之書」。

想實現夢想，讓自己在未來活出自我、發光發亮，就必須使用某個宇宙法則。那個宇宙法則，就是改變想法。人生可以說是由想法決定的，想要改變想法其實相當困難。正因為如此，這個宇宙法則，也可以稱為「覺悟」。

我的拙作《實現夢想時，「什麼」會發生呢？》介紹過各種「祕笈」，無須艱辛地修行或鍛鍊，只需要一枝筆以及每日的小習慣，就能引導自我覺悟。該書出版於 2014 年，同時也譯介至韓國、中國、台灣、越南等，廣傳至世界各地。無論過了多少年，來自世界各地的讀者感言從不間斷：「我實現了夢

想」「我的人生改變了」，我感受到實踐者的熱情。

關於實現願望的具體理由和背景，我都交代過了，這裡不再贅述。不，我不必多說。

因為這本書的設計是，只要實踐 100 天，就能幫助各位放下「無法實現」的想法，讓內心進入覺悟的狀態。

本書其中一個設計是，可以從 QR 碼下載引發奇蹟祕法的音檔（221頁）。這是由世界級音樂家杉山正明演奏的音樂，隱含身為國際資產顧問、現為活躍陰陽師的愛華德‧淺井的祕法。請配合本書運用。

然而，想讓這本書發揮效力，必須有所覺悟。你必須連續 100 天，用這本書面對自我。這可能需要點時間，但人生若能因此發生改變、願望實現的話，應該就不算什麼難事了吧？做好心理準備，拿起筆來，改變你的人生吧。

使用這本書的方法

1. **準備好筆**（建議使用雙色）。

2. **決定好「三個願望」。**

   希望100天後實現的事情。

   不要使用否定詞和形容詞（無論如何都想用也可以，細節於正文說明）。

   以完成式或進行式書寫。

   字數控制在8到15字之間。

   心中想著要讓自己以外的某人得到幸福。

   （三個願望）

   _____

   _____

   _____

3. **每天閱讀當日短文。**

   本書準備了100天份的小短文。你可以先一口氣讀完，也可以每天花幾分鐘閱讀。在每天寫願望之前閱讀小短文，可以提高實現的效果。

啟動奇蹟

1

深吸一口氣後憋氣，憋著氣寫3次第一個願望，
然後深深吐氣。

2

深吸一口氣後憋氣，憋著氣寫3次第二個願望，
然後深深吐氣。

3

深吸一口氣後憋氣，憋著氣寫3次第三個願望，
然後深深吐氣。

4

最後，全身放鬆，寫1次「謝謝」。

實現願望的專屬規則

● 連續 100 天,每天睡前持續實行 12 頁的第三點,
以及前頁的步驟 ① 到 ④ 。(可於各頁寫上日期和天數)

● 寫下願望時,不要看前一天寫的願望。(願望內容每
天不同也沒關係)

● 用心寫下願望。(但是要一鼓作氣)

● 若有任何覺察,就寫在筆記空白處。(建議使用紅筆)

● 當其中一個願望於 100 天內實現時,再許下另一個
願望。

● 無論願望達成與否,執行 100 天後就停止。(若想再
次執行,請間隔 100 天以上)

● 每天執行不間斷,忘記時,請從頭開始。(若晚上真
的忘記,隔天起床一小時內執行是可以的,但僅限 3 次)

Date : 2023 / 08 / 01   *No.* 001

1 我練出了好萊塢明星般的漂亮腹肌。

我練出了好萊塢明星般的漂亮腹肌。

我練出了好萊塢明星般的漂亮腹肌。

一週至少要去 4 次健身房。
嘗試健身教練推薦的乳清蛋白飲！！

2 年底前年收達百萬！！

年底前年收達百萬！！

年底前年收達百萬！！

把每一項工作做好！！
不知道未來會發生什麼事，
所以完成工作的速度要越快越好。

3 繪製的插畫書霸占熱銷排行榜！

繪製的插畫書霸占熱銷排行榜！

繪製的插畫書霸占熱銷排行榜！

把插畫作品集投給心儀的出版社！！
每天上傳插畫到社群網站！！

 謝謝。

百日奇蹟書寫範例

寫下來，奇蹟就會發生

寫啊！傻瓜！NOW！

★

某個知名經營顧問提問：「如果有下輩子也適用的『成功法則』，那會是什麼呢？」我的回答是：「把願望寫在紙上。」大概是 2005 年左右，我辭去工作，領悟到這個成功法則。剛好在同一時期，在某個聚會上大家熱烈地討論：「你實行了『那個』對不對？」「那個」是在聚會的四個月前，我從某個成功者那聽來的方法。當時還有其他三、四個人在場，也聽到了方法，但付諸執行的只有一個人，而那個人竟然在四個月內，月收入達到百萬。

「那個」是什麼呢？很簡單，就是每天把願望寫在紙上 10 次。之後，我把方法擴充為本書介紹的「奇蹟」，並且於 2009 年成功實現了三個願望，自此之後運勢開始暴漲。

其實，紙張真正的身分是「神」。把願望寫在紙上，就等於把願望銘刻在「神＝宇宙」上頭，所以願望能實現。

把願望寫下來，就會實現。沒錯，所以，寫啊！傻瓜！NOW！先寫個 100 天！體驗百日奇蹟！

Date :　　　　　／　　　　／　　　　　　　　No.

1
_____
_____
_____

2
_____
_____
_____

3
_____
_____
_____
_____

100天就能帶來奇蹟！

我的拙作《實現夢想時，「什麼」會發生呢？》在韓國非常暢銷，韓文版編輯因為書中的祕笈結了婚、生了小孩，甚至還獨立創業成為老闆，成功實現了夢想，讓周遭人大吃一驚。韓國版的書名是《三個願望，百日奇蹟》，書名取得非常好，從另一個角度，用一句話點出了書的核心精神。連續100天，寫下三個願望，奇蹟就會發生，這是真的。100天的效果，我個人有很深的體悟。我國中時，無論功課還是社團活動都很半調子，大家都說我是沒有任何長處的人。我就讀住宿學校，室友是全年級的校草，也是柔道社的隊長，運動全能，力氣很大，書也讀得不錯，當然非常受大家歡迎。他老是看不起我，讓我很受不了。剛好在那時候，老師告訴我「努力100天，一定可以得到成功的果實」，我把老師的話聽了進去。我許下一個願望，要求自己用功讀書100天，長這麼大第一次這麼努力。結果，我考到班上第一名。那瞬間，我的願望實現了。人生這麼長，就花100天努力看看吧。

Date :　　　　　/　　　　　/　　　　　　　No.

1

2

3

三分鐘熱度

我從 2004 年開始瀑布修行，之後大概持續了 20 年左右。我師從的是真正的天台修驗道行者，雖然是在家修行，修行頗為扎實。最初半年，每週到導師那裡報到，請他看著我做瀑布修行；等不動明王開始寄宿在我身上後，才獲得允許，得以單獨到瀑布修行。

那時導師指定我做的是 21 日修行，每天早上必須到瀑布修行，而且禁止食肉飲酒。那時我還是上班族，年底是超級大旺季，忙的時候連續三天都沒辦法睡覺。那段期間，我抱著必死的決心，圓滿完成修行。隔年，我收到百日修行的指示。21 天就這麼困難了，聽到要修行 100 天，我都要昏倒了。

導師給我的建議是默默做就對了，每天折手指算還有幾天，會讓人意志消沉。放下那樣的想法，默默度過每一天，默默修行。太陽西下，又會迎來新的一天。

這個筆記，你也做了 3 天。挫敗的人在這裡遇到挫折，社會稱這樣的人「三分鐘熱度」。明天也繼續寫吧。日子雖長，但人生的 100 天轉眼間就過了。所以默默做吧，今天做得到，明天也能做到。

MIRACLE OF 100 DAYS

022

Date : / / No.

1

2

3

不要瞧不起說大話的人

★

有位指導社會人士吹奏樂器的老師，曾說過一個老掉牙的笑話：「我啊，只會吹牛啦。」

他平常都在做指揮，沒看過他吹奏樂器的樣子。某次練習後的聚餐，我問道：「○○老師除了指揮之外，還會什麼樂器嗎？」他喜孜孜地跟我說了前面那個笑話。

他可能是謙虛，但我有話想說。

那個笑話，是不是看不起吹牛的人呢？

「只會吹牛，說大話」，是什麼意思？這個社會本來就是從說大話發展成的，不是嗎？無論是萊特兄弟、創辦微軟的比爾・蓋茲，還是特斯拉的執行長馬斯克，都吹牛說了撼動社會的大話。

我想說的是，吹牛是很偉大的。不要說「我只會吹牛」，牛應該要大力地吹，話要大聲地說，如此一來，視野會變得更寬廣、不同。

一個普通的指揮若能說出：「我要在美國紐約卡內基音樂廳，指揮紐約愛樂。」他看到的景色應該會有所不同吧。

Date : 　　　　　／　　　　／ 　　　　　　　No.

1

2

3

寫 下 來 ， 奇 蹟 就 會 發 生

什麼都能切的刀子

★

我從以前就常常講奇怪的話，小時候常跟兒時玩伴小俊炫耀
說：「我做了一個很厲害的東西喔。」

「你做了什麼？」「什麼都能切的刀子。」

「車子也可以切嗎？」「當然可以。」

「給我看看。」「現在還不能給別人看。」

「為什麼？」「沒為什麼。」

「你一定在騙人。」「是真的。」

對不起，我的確說了謊。但我的大腦已經有設計圖，所以對當
時的我來說，不覺得自己在說謊。我要準備的東西有色紙、三
號電池和鐵線。把色紙剪成刀子的形狀，然後用鐵線纏繞在紙
刀上，三號電池裝成刀柄，最後把鐵線接到電池的正負兩極。
我的理論是，電池的電流會通到鐵線上，電流所產生的熱，可
以切斷車子和任何東西。現在看來，我當時的想法可能很荒唐
可笑，但這樣的過程很重要。不讓大話淪為吹牛，想法得經過
思考。雖然我並沒有做出那把萬能刀，但思考本身並非無用。

Date :　　　　　　／　　　　／　　　　　　　No.

1

2

3

我要成為改造人

★

小時候我曾經跟兒時玩伴小雄說：

「我啊，有個祕密喔。」「什麼祕密？」

「我不能告訴你啦。」「告訴我嘛。」

「你不可以跟別人說喔。」「好喔。」

「我啊，有個夢想。」「什麼夢想？」

「我啊，要成為改造人。」「什麼啦，那是漫畫情節吧。」

「我不是要改造全身。我想要稍微改造一下右手，讓揮拳的力道變成一億倍，可以把東西打飛。」

抱歉，我並沒有改造右手，也沒有變得很強，但我成為了「改造人」，現在也還是進行式，正進化為改造人。改造指的是，每日每月每年不斷變化、不斷成長的意思。

2005 年剛創業時，我像逃難般辭去工作。說自己月收要達到 200 萬，恐怕會被當成鐵線刀和拳頭力量增強一億倍的大話。但大話說久了，不知不覺就會成真。所以，大話繼續說下去就對了，說了也沒有什麼損失，頂多被人說「那是漫畫情節」，人生也不會有任何損傷啊。

Date :　　　　　/　　　/　　　　　　No.

1

2

3

潛意識寄宿在肌肉上

拙作中有個讓許多人都感到訝異的理論，就是「潛意識＝身體」。

- 意識＝思考 ⇒ 語言（3％）
- 潛意識＝感覺 ⇒ 身體（97％）

說明潛意識時，一定會提到冰山理論。浮現在水面上的意識，只占全體的 3％，相較之下，水面下的潛意識占了 97％，擁有龐大的力量。因此，實現願望的關鍵，就在於把願望寫進你的潛意識，這大家應該都聽過吧。比方說，對自己說月收破百萬，只能算是語言，僅止於 3％的意識。重點在於要讓願望滲透到無法言語的領域，這領域稱為感覺，而感覺與身體相連結。換句話說，潛意識就寄宿在肌肉上。由此來看，書寫會用到許多肌肉，所以動手寫的效果，會比只用想的、說的還要好。就像仰臥起坐練 100 天，就算你不想，也會長出肌肉一樣，願望只要寫 100 天，就可以滲透到潛意識裡。

Date :　　　　　／　　　　／　　　　　　　No.

1

2

3

請解釋什麼是「很甜」

你知道什麼是「很甜」嗎？

舔食砂糖時的感覺，就是很甜吧？說明砂糖時，可以用「砂糖很甜」來表達。那我們有辦法正確地傳達什麼是很甜嗎？

我們最多也只能用「大概就是像……的感覺」來說明，但那樣無法讓沒有甜食文化的人明白。

沒錯，想用語言來說明很甜的感覺是不可能的。「很甜，很甜，很甜……」說再多遍，也無法明白很甜究竟是什麼；但只要舔一次砂糖，馬上就能知道什麼是很甜，那正是所謂輸入潛意識的瞬間。

所以，讓月收達百萬的祕訣，就是實際去「舔舔看」。

也就是說，想要月收百萬，實際體驗一次最快。

不需要言語說明，身體的肌肉一旦知道就回不去了；反過來說，還在用語言說明的話，表示你離目標還很遠。

1

2

3

寫 下 來 ， 奇 蹟 就 會 發 生

實現願望的重訓法

感覺，無法用言語來說明，只能透過體驗讓肌肉記住，這是將願望輸入潛意識的祕訣——就跟「實現願望的祕訣，就是實現願望」一樣，聽起來很像廢話。那該怎麼做呢？讓願望滲透到肌肉的方法有兩個，一是**休克療法**。我有朋友因為父母欠了2000萬，黑衣人上門討債根本家常便飯，他每天都活在恐懼裡，因此把一切投注在網路生意，天天睡不到一小時，最後真的成功了；也有人只要想像自己月收百萬的樣子，就可以開心到血液在心中沸騰。像前者那樣利用「恐懼」，或許很有效，但老實說，對身心健康非常不好；但要像後者那樣，用想像的就可以感受到「欣喜」，可能需要些特殊能力，所以才會有第二個方法——**重複戰術**：按部就班、腳踏實地不斷重複同一個動作。那正是我所說的奇蹟祕密，**透過書寫這個動作，運用肌肉鍛鍊潛意識**；換句話說，也就是實現願望的重訓法。重訓後，身體會分泌睪固酮，激勵自我，這是真的。每天做一分鐘棒式也好。潛意識的關鍵就在肌肉，這個理論實在非常深奧。

Date : ___ / ___ / ___   No. ___

1 _____

_____

_____

2 _____

_____

_____

3 _____

_____

_____

_____

_____

寫 下 來 ， 奇 蹟 就 會 發 生

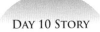

動腳趾是人類才有的特徵

★

將願望寫進潛意識裡有兩個方法，分別是休克療法跟重複戰術。而加乘法，能讓前述的效果倍增——如果用語言來描述那個狀態，可以說是「開心地把願望寫出來」。但**還有個方法可以讓願望更加深刻地烙印到肌肉上，那就是活動腳趾頭。**

大家小時候都有過這樣的經驗吧？明天有遠足或運動會，晚上躺在床上準備睡覺時，卻因為太興奮而睡不著。這時，我們會無意識地活動腳趾頭。

人類和其他動物的不同之處，就在於可以用雙腳走路（大猩猩走路多少會用到手）。如此一來，腳趾必須負荷體重，實際上也因此得以維持身體的平衡。而人類另一個特徵則是，懷有夢想，且具有實現願望的力量／能力。所以，動腳趾是人類才有的特徵→人類能實現願望→動腳趾的人能實現願望，這個有點牽強的假設是成立的。老實說，這個理論是我從業務行銷大師布萊恩・崔西的演講聽來的，雖然不懂他的邏輯，卻讓人十分信服。

Date :   /   /   No.

1 _____
  _____
  _____

2 _____
  _____
  _____

3 _____
  _____
  _____
  _____

寫 下 來 ， 奇 蹟 就 會 發 生

「粉紅色的大象」是誰開始說的？

✦

「請不要想像粉紅色的大象。」

就算別人說「請不要想像」，但是你一聽到「粉紅色的大象」，就會開始想像。也就是說，**我們的潛意識無法理解否定句**。這個理論在自我啟發的講座耳熟能詳，但粉紅色的大象，究竟是誰先說的呢？

姑且不論是誰起的頭，我非常理解這句話的意思。朋友的公司有個態度強勢凶悍的上司，個性較為軟弱的下屬在上司面前就會畏縮，有話也不敢說。這時，上司就會教訓他：「我不是說，有話就說嗎？」「你為什麼都講不聽？」上司當然是錯的，那樣說其實非常不講理。如果他換個方式表達：「我們先冷靜下來。」「先深呼吸一下。」下屬應該就能表達自己的想法。

就像有些人會對容易暈車的孩子說「你不要暈車喔」，或是稍微吃重口味的東西就在旁邊說「小心胃食道逆流」，這種「小心不要×××喔」，或是用否定句裝親切，其實是在詛咒他人，要多注意。

Date :　　　　　／　　　　／　　　　　　　　No.

1

2

3

覆蓋否定句的詞彙

★

雖然說潛意識無法理解否定句，但也不必當作鐵則。例如，有人對你施加催眠術說「你沒辦法舉起手來」，手就真的舉不起來。假如潛意識真的無法理解否定句，手會一直舉著。

社會上有很多以否定句來表達的願望，最具代表性的就是「禁○」，禁菸、禁酒、禁賭等。讀者當中應該也有醫療從業人員，所以不能把話說得這麼草率，但是把否定句輸入潛意識，這個方法其實並不稀奇，而且還很有效。

我修行時，在決定好的天數內，實行的不只有瀑布修行，還設定了「禁做項目」。三大禁做項目包含了肉、酒、性。性，如字面所述，就是禁欲。我開始修行時是 32 歲，這讓我感到十分痛苦。但修行圓滿完成了，因為我做好決定，下定決心不做那些事。

一般來說，潛意識可能很難理解否定句，但可以利用「我做了某某決定」來覆蓋掉否定句。比如說，**「我決定不再煩惱沒錢可用」**的肯定說法，會比**「我要成為有錢人」**來得更有力。

Date :　　　　　／　　　／　　　　　No.

1

2

3

「媽媽，買臭魚乾嘛」

實現願望的高手，也是拜託別人的高手。即將步入 50 歲的我，願望都一個個實現了，今後願望也會不斷地實現下去吧。說到這個，我從小就很會拜託別人——應該說，很會拜託與否一點也不重要，因為我拜託別人時不會想太多。例如，某天我看到電視節目介紹了「臭魚乾」，節目說「臭魚乾臭得不得了，卻很好吃」，這個形容非常吸引我，而全家去伊豆旅行時，紀念品店剛好有賣臭魚乾。

「媽媽，買臭魚乾嘛。」「你不敢吃的啦。」

「我一定會吃的。」我不斷強調。媽媽抵擋不了我的拜託攻勢，最後買給我。一回到家，我馬上把臭魚乾從包包拿出來，準備請媽媽拿去烤，但那散發出來的臭味，實在令人受不了，我就跑掉了。順帶一提，我一直到長大才知道臭魚乾的美味。基本上，只要拜託爸媽，他們就會聽我的，我真的非常好運。雖然拜託了之後，有時結果可能讓人失望，但也令人深信拜託了之後，願望就會實現。所以長大後，一有心願，就會馬上拜託，沒有任何猶豫。**因為拜託了之後，願望就會實現**。只不過，拜託的對象換成宇宙了。

Date :　　　　／　　　／　　　　　　No.

1

2

3

不必成為大人物，成為自己就好

✦

在我青少年時期，我們家很早就有電腦，那是 NEC 的 PC–8801 初期機型。那時的電腦遊戲很陽春，現在的遊戲我反而跟不上，太複雜了。電腦遊戲為什麼會演化成這樣呢？可能是因為生活水準提升到更高的層次，花在吃飯上的時間相對減少的關係。社會變得越來越富足。30 年前的東印度，街上到處都是遊民和病患；但我不久前去了東印度，街道變乾淨不少。公共衛生進步，飢餓貧窮減少，勞碌終日卻填不飽肚子的人變少了，先進國家更不用說。

也就是說，今後的世界我們不需要以成為「大人物」為目標。雖然現在大家都說，電動玩多了眼睛會壞掉、功課會變差，但今後人們能做的，可能只有玩遊戲而已。既然如此，與其拚命念書，不如多玩點遊戲。假如人生本來就是場遊戲，做自己想做的事就好。不必成為大人物，成為自己就好。

Date :   /   /   No.

1

2

3

寫 下 來 ， 奇 蹟 就 會 發 生

48小時內會發生好事！

請閉上眼睛，想像一下紅色的東西，5秒後，張開眼睛。怎麼樣？你一張開眼睛，馬上就看到紅色的東西對不對？但你身邊明明也有藍色、黃色、黑色、白色的東西，之所以先看到紅色的東西，是因為你在腦海裡想像了。

我們的大腦並非萬能，無法認知所有看到和聽到的東西。因為世上的資訊量太多，全部都接收進來的話，大腦會受不了。所以大腦會適度地刪掉不必要的、沒興趣的東西，讓資訊的吸收達到最適化。我們將最適化的資訊稱為世界。所以，即使整體來說世界只有一個，認知的方式卻有70多億種。

因此，選擇什麼、刪除什麼，就變得相當重要。選擇美好的東西，而非紅色的東西，世界就會變成美好的世界。

這裡請你做個實驗，在接下來的48個小時，持續選擇美好的東西，刪除不好的。相信在48小時後，應該會看到奇蹟發生。抓到訣竅後，請把執行時間再往後延長48小時，你的世界，將充滿美好的事物。

Date :　　　　　　/　　　　/ No.

1

2

3

寫 下 來 ， 奇 蹟 就 會 發 生

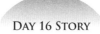

小精靈早就在身邊了

★

我很喜歡格林童話《小精靈和老鞋匠》的故事。老鞋匠睡覺時，小精靈會幫忙做出漂亮的鞋子。我還在公司上班、根本沒時間睡覺時，每當工作做不完，就非常希望小精靈出現。半夜在公司加班時，還真的常常大喊：「小精靈快來！」

但無論狀況有多急迫，我幾乎都能把工作完成。即使工作有些延遲，被客戶罵了，也能順利落幕。雖然過程起起伏伏，總能把工作處理好，去喝一杯。

比起單純的工作，需要創意的工作能感受到的更多。三天三夜絞盡腦汁，思考到大腦彷彿都快燒焦，動手做再打掉重練，有時甚至大哭大叫。再兩個小時，天就要亮了；五個小時後，就是截止時間。內心大喊著誰來救救我的時候，突然靈光一閃，最後完成工作，趕上截止期限。而且不只那樣，成果的品質之高，如果參賽應該能獲得冠軍。**小精靈就是我們的潛意識**。當我們被逼到絕境時，潛意識能幫助我們完成工作，所以要相信自己。

Date :　　　　　／　　　／ No.

1

2

3

DAY 17 STORY

越挫越勇的大師──僧侶空海

✦

據說弘法大師空海，小時候曾經從懸崖跳下去，卻大難不死保住了性命，讓他深信自己身懷使命，因而步上了佛道。20 歲前，他自某位沙門那裡習得了密教的祕法「虛空藏求聞持法」，圓滿地完成了修行。

他複誦了 100 萬遍虛空藏菩薩的真言，與虛空藏（即阿卡西紀錄）產生連結，因而獲得超人般的記憶力和腦袋。弘法大師抱著必死的決心完成修行，在圓滿結束的那天，晨昏之星金星飛進他口中，大家對他更加充滿著期待。

但是某天，弘法大師接觸了《大日經》，卻怎麼讀也讀不懂。有這種事？歷經了虛空藏求聞持法的修行，又取得超人般頭腦的他，怎麼也無法理解不知道是誰寫的《大日經》經文。因此他興起一個念頭──成為遣唐使，前往大唐取經。弘法大師消失了 7 年之久，有一說是他跟從大唐王朝逃難的山地民族同住，挖掘水銀以儲備渡唐資金；另一說則是他沿著朝鮮半島偷渡到唐。總之，弘法大師抱著必死的決心修行，仍然有看不懂的經文，因此大受打擊，決定渡唐求法（能成為遣唐使也可以說是奇蹟），最後把密教帶回日本。就連天才僧侶空海，遇到挫折也不放棄，連續 100 天寫下願望，你一定也可以做到。

1

2

3

寫 下 來 ， 奇 蹟 就 會 發 生

脫離險境的方法很簡單，
「走」就對了

人類於400萬年前誕生於非洲大陸。隨著人口的增加，強者和弱者之間出現差距，弱者逃到北方。北方氣候寒冷，必須花費許多功夫才能生存下來，而他們發明了居所、衣服和工具，存活了下來，當中產生的弱者，則逃往了東邊。有一說是，那些弱者往東邊逃，抵達的終點就是日本。也就是說，日本人是世界最弱的民族，是為了逃命不斷行走的種族末裔。因此，我們可以做出這樣的假設：日本人的基因融合了非洲大陸和歐亞大陸的智慧，發展模式有別於西方文明。

說到行走，日本佛教有四國遍路和千日回峰行，如字面所示，遍路和峰行是行腳修行。不同於基督教和伊斯蘭教分別以羅馬和麥加為目的地的朝聖之旅，日本佛教「單純以行走為目的」的意味較為強烈——或許是因為佛教知曉，**行走能讓人經歷神祕體驗，帶來自我覺察，進而喚起潛意識**。所以，每當我遇到瓶頸時，就會走路。走路讓我從各種險境脫逃出來，這是真的，真心不騙。

Date : ___ / ___ / ___　　　No.

1
___
___
___

2
___
___
___

3
___
___
___

___

寫 下 來 ， 奇 蹟 就 會 發 生

這個聲音，
是「高我」傳達的訊息？

⭐

有時我在走路、靜心、放空，或是專注於某件事情時，會突然聽到有聲音在跟我說話。有些人是真的聽見聲音，但大多時候都是接收到如覺察般的內在聲音。比如說，我在 2005 年 3 月跟同事聊到「這間公司我還會再待個一年吧」，幾個小時後，開車聽見有人對我說「你可以辭掉工作了」，當天我便提出辭呈。

那個突如其來的聲音，常常被稱為來自「高我」的訊息，能指引我們開創出美好的未來。高我一直以來都指引著我，使我的人生越來越富足。

但有些人即使突然聽見了內在的聲音，也會懷疑是否真的來自高我，而感到不安，擔心：那是不是自己自私的想法？或是惡魔的聲音？按照那個聲音所說的去行動，會不會一敗塗地？讓我來回答這個問題：**所有你聽見的內在聲音，都是來自高我的訊息**。不做做看，根本不知道會怎樣。眼前的失敗，可能是帶來大成功的關鍵。不，不是可能是關鍵，而是絕對是關鍵。

Date :　　　　　/　　　　/　　　　　　　　No.

1

_____

_____

_____

2

_____

_____

_____

3

_____

_____

_____

_____

寫 下 來 ， 奇 蹟 就 會 發 生

不要過度仰賴直覺

⭐

喜歡靈性的人，尤其重視直覺。2020年新冠肺炎疫苗以異常飛快的速度完成，並快速地普及到全世界。有別於傳統的疫苗製造技術，mRNA疫苗是透過微脂體劑型，將疫苗的設計圖mRNA運至人體內，讓人體自行製造出棘狀蛋白，產生對新冠病毒的免疫力。然而，社會輿論對病毒的意見一分為二。正確來說，有一成的人不表達意見，一派的人，包含陰謀論者，則拒絕信任新疫苗。醫生和國家都說疫苗安全且有效，副作用很強，而且新的成熟疫苗必須等待兩年才知道結果。即使如此，很多人還是認為自己的想法是正確的，仰賴直覺，拒絕接種疫苗。當然，要不要接種疫苗是個人的自由，但判斷的依據只靠直覺，讓人很不安吧？車子發生故障時，大部分的人都會拖去修車廠修理吧？直覺沒辦法修好車子。也就是說，世上大部分的事情，都是由科學和技術所解決，過於相信自己的直覺，可能會因此喪失性命。生病時，就去看醫生，太過仰賴直覺，有時會發生無法挽回的錯誤。

Date :　　　　　／　　　／　　　　　　No.

1

2

3

與其期待死後世界，不如活在當下

✦

人死後會怎麼樣呢？這是宗教、哲學以及科學永遠的課題。其中一個常見的說法是，人死後會從上方俯視躺著的自己，然後被帶到名為三途川的冥河。已過世的親人，會在河川的另一端向自己招手；也有跟親人揮揮手後，走回原路，回到自己的身體復活、重回人間的。這種瀕死經驗的證言為數不少，可以說是死後世界最有力的說法。

但請停下來想一想，瀕死復活，其實並沒有死掉。醫學上，死亡的基準是「心肺功能停止○分鐘」後死亡，因此死而復生並非死亡。

沒有死掉根本不會知道死後的世界。我們也無法跟亡者溝通，就算是瀕臨死亡而復活，當事人其實一秒也沒死掉，所以，絕對不可能有人知道死後世界長什麼樣子。我想說的是，既然如此，就不要去想什麼死後的世界，把精力都放在活著的當下就好。

Date : ___ / ___ / ___   No.

1

2

3

只會做蛋包飯就好

★

我從某個演講得知「100萬分之1策略」的概念：20多歲時，投注1萬個小時在某專業領域上，成為百人翹楚中的一人；30多歲和40多歲時，分別成為另一個專業領域百人翹楚中的一人。1／100×1／100×1／100＝1／100萬。

這個100萬分之1的理論指的是，比如在運動×音樂×烹飪這三個領域，都能取得頂尖的水準，就能成為百萬人當中才會出現一位的人才，打造出自我品牌。但這根本不可能。首先，要成為百人翹楚中的一人，一般人幾乎辦不到。如果大家都以成為大谷翔平（打者×投手×臉蛋）或藤井風（歌唱×鋼琴×臉蛋）這類天才為目標，就會產生大量的半途而廢者。與其那樣，不如擁有熱衷的事物，使人生更加美好。比起精通蛋包飯×壽司×羅宋湯的主廚，我比較想吃只會做蛋包飯的廚師所做的蛋包飯。也就是說，人生要以花費一輩子追求「屬於自己的蛋包飯」為目標，做得不好沒關係，得不到認同也無妨。有一**輩子都想繼續做下去的東西，就算沒能開花結果，也會堅持追求。**

1

2

3

寫 下 來 ， 奇 蹟 就 會 發 生

把咖哩調理包賣給印度人的方法

「把冰箱賣給因紐特人（Inuit，舊譯愛斯基摩人）」，這是行銷學經常出現的命題。我一開始以為，因紐特人住在冰天雪地的世界，冷藏食物的冰箱怎麼可能賣得出去。但其實需求非常高，因為不需要冰凍就可以冷卻食物、不必到寒冷的戶外也能保存食物、不分氣候或氣溫能讓食物保持一定的鮮度。這麼一說，還真是那樣。

類似的命題還有「把鞋子買給不穿鞋的非洲人」「把咖哩調理包賣給印度人」等，這些題目仔細想想，應該都能理解：穿鞋能預防破傷風；在印度班加羅爾這類繁忙的都市，從調製香料開始做咖哩太花時間，諸如此類。

接著是下一個問題：「身為上班族的我，希望月收達百萬，該怎麼做才好呢？」區區一個上班族，怎麼可能？這把歲數了，怎麼可能？因為我是男人或女人，怎麼可能？我又沒有才華，怎麼可能？這樣想，比賽就結束了。正是因為在冰天雪地，冰箱才賣得出去；同樣的，你必須這樣想：我就是能夠月收百萬，因為……

Date :　　　　　／　　　／　　　　　No.

1

2

3

無敵的萬用調味料

★

世上有可以讓任何東西都變美味的萬用調味料嗎？

過去日本人的飲食習慣，很喜歡在各種食物灑上白色粉末。白色粉末就是化學調味料，可能是受到純天然風潮的影響，近來化學調味料的評價頗為低落，所以現在改稱為「鮮味調味料」，換名稱也過了好一段時間。話說回來，真正能讓任何東西變美味的調味料，就是餓肚子。「吃飯前不要吃零食，讓肚子很餓很餓再開動」，這個爸媽理論正確到不行。確實如此，但這種大家都知道的事，一點也不有趣。

針對這個問題，我的答案是「水和空氣」。這世界確實有什麼都好吃的國家。日本除了北海道之外，不太有吃羊肉的習慣，所以包含我在內，不少人無法忍受羊肉獨特的風味。但某個國家的羊肉卻非常美味，世界第一的熱狗也在那裡，海鮮和溫室蔬菜也非常美味，那就是冰島。有人猜對了嗎？他們主要的能源是地熱，水和空氣幾乎沒遭受到什麼汙染，真的是什麼都好吃。各位是不是也想去探訪看看了呢？歡迎寫到你的願望清單裡。

Date :　　　　　　　／　　　　／ No.

1

2

3

雞蛋疑雲

★

我有個女性友人暱稱叫「小雞蛋」。可能因為皮膚非常白皙，所以從小大家都叫她雞蛋。

某天，我在某人臉書貼文的留言，看到有人稱她為「小蛋蛋」。對方應該不是故意的，但營造出來的氛圍卻大不同。還記得，看到那則留言時我驚了一下。

「雞蛋」「蛋」「蛋蛋」給人的感覺完全不同，這也是實踐奇蹟時重要的地方。比方說，有人的願望是希望皮膚變得白皙，但比起單純的白皙，「光滑白嫩的水煮蛋肌」感覺更具體，不是嗎？

也就是，要讓願望更容易滲透到感覺（潛意識）裡，寫願望筆記時，可以下點功夫，試著用比喻的方式來表達你的願望。在文字和發音上多點堅持，在表達方式下點功夫，就能加快願望實現的速度。

Date :　　　　　／　　　　／　　　　　　　No.

1

2

3

寫 下 來 ， 奇 蹟 就 會 發 生

如上等卡士達醬般的音質

★

「光滑白嫩的水煮蛋肌」的表達方式優於「白皙」，**比喻其實是實現願望時不可小看的工具**。相對於「鍛鍊出腹肌」，「練出好萊塢明星般漂亮的腹肌」更加具體。

我以前吹過單簧管，接下來的話題可能有點刁鑽。單簧管主要分為法式和德式兩大系統，日本吹奏樂一般使用的是法式單簧管，指法上比德式要來得簡單，音色穩定且扎實，價格也相對低廉。即使如此，仍有不少專業的演奏家選擇德式單簧管。德式單簧管最大的魅力就在於它的音質。

「德式單簧管的音色渾厚且香甜，味道彷彿是上等的卡士達醬⋯⋯」我曾經在某個文案上看過這樣的形容。就算對單簧管沒興趣，看到這樣的比喻，應該很想聽聽看德式單簧管究竟是什麼音色吧？

村上春樹的文字魅力，也在於其豐富的比喻。寫願望時，過度的比喻可能讓文字變得含糊不清，但適度地比喻描寫，或許能帶來意想不到的效果。

Date :　　　　　/　　　/　　　　　　　No.

1

2

3

你有即使限制很多
也想嘗試的事情嗎？

★

「如果有100億，你想做什麼？」「如果不論財富、年齡、性別、才能，擁有無限的力量後，你想做什麼？」你有想到要做什麼嗎？

「就是那個！就是那個！那就是你真正想做的事，你人生的目標……」我曾聽過有人這樣說，這是人生教練講座常出現的經典問題、推演過程。「假如擁有無限的力量，可以讓你從限制中解放，那時想做的事，就是你的天命！」聽起來似乎很有道理，但總覺得哪裡怪怪的。等等，說起來，無限的力量真的存在嗎？如果世上有無限的力量，誰能擁有呢？我敢斷言，絕對沒有人擁有無限的力量。換句話說，假如想做的事情是以不可能的條件為前提，有意義嗎？不如思考一下，**即使身處的環境有各種限制，仍然想做的事是什麼？**這個思考方式才比較實際、積極。我們要思考的不是無限制時想做的事，而是即使有各種限制也想做的事。那才是我們真正該做的、真正的天命。

Date :   /   /   No.

1

2

3

下坡比上坡更危險

我從以前就很喜歡騎腳踏車。最近常常到日本各地、甚至海外騎腳踏車周遊，到處演講，四處工作。但其實我跟腳踏車一點也不熟。我不懂單車的機械結構，騎不快也騎不遠，就算一天騎 10 個小時以上，騎得汗如雨下，也不露宿野外，而是去住商務旅館，走偷懶路線的單車之旅。

日本的道路高低起伏比想像中多，有時必須跨越海拔 1000 公尺山路的最高點。雖然爬坡很累，但抵達頂端時的暢快感覺，非言語能形容，那是單車之旅的箇中滋味。過了頂端後，不需要踩踏板，只要憑重力就可以滑下山。但下山才要更小心，煞車沒掌控好，一不小心就得跟世界說再見。人生也是同樣的道理。陡峭的斜坡騎起來很痛苦，卻讓人面對現實，能不斷努力地騎下去；然而，突然轉為輕鬆的下坡時，因為一時鬆懈而掉以輕心，忘記適時地煞車，就很有可能因此摔跤。也就是說，**人在順境時，更要謙虛**。這是我騎腳踏車騎出來的心得。

Date :　　　　　/　　　/

No.

1

2

3

寫下夢想，決定人生要長怎樣

這是我從業務行銷大師加賀田晃那邊聽來的故事。加賀田老師在青少年時期，曾經看過一篇漫畫（我忘了篇名是什麼），那篇漫畫成為他的人生指引。漫畫內容如下：

城鎮上住著四位少年。少年總是玩在一起，某天他們聊到彼此未來的夢想，其中一人想當醫生，一人想當警察，一人想當律師，一人還不知道想做什麼。幾年之後，某個有錢人家遭小偷，小偷很快就被抓到了。有錢人家是夢想成為醫生的少年；抓到小偷的，是夢想成為警察的少年；為小偷辯護的，是夢想成為律師的少年；而另一位少年成為什麼了呢？大家應該都猜到了吧。加賀田老師看了那篇漫畫後不寒而慄，「原來沒有夢想下場這麼悽慘！」之後便決定人生要懷有遠大的夢想和目標。

當然不是每個人都會因為沒有夢想而淪落為小偷，但有夢想就能努力，不會隨波逐流。如果沒有夢想，人生很有可能被環境決定，感到不安。所以，寫下夢想吧，因為**寫下夢想，就能決定自己的人生長怎麼樣。**

Date : 　　　　／　　　／ No.

1

2

3

寫 下 來 ， 奇 蹟 就 會 發 生

開運日必做的事

★

我被大家稱為靈性 YouTuber 的先驅。現在 YouTube 常見的影片題材「○○小時以內發生奇蹟！」算是我開啟的風潮，「今天是超強開運日，來做○○吧」，也是我先開始的。

2020 年 6 月 20 日，我得知那天是「一粒萬倍日＋天赦日」，是一年只會出現 3 次的超強開運日，我便以此為影片題材，上傳到 YouTube，結果觀看次數超過 3 萬次。那時流行換新錢包，我就跑到澀谷買了名牌錢包。這個題材吸引許多人點擊，許多 YouTuber 也開始做類似主題的影片。轉眼間，同一天點開 YouTube，可以看到一整排以開運日為題材的影片，成為一年當中的例行性活動。順帶一提，開運日必做的事情，除了換新錢包之外，還有放手（打掃）跟傳達謝意等。

但是，不可能每逢開運日就去買昂貴的錢包，打掃和感謝平常也都會做，所以我認為，天天都是開運日。不去管今天是不是黃道吉日，每天過得開開心心最重要。

Date :　　　　　／　　　／　　　　　　No.

1

2

3

寫下來，奇蹟就會發生

海螺可怕的地方

我念小學時，跟父母還有三個兄弟姊妹一起家族旅行，旅館端出來的點心出現了海螺。我第一次親眼看見海螺。不記得那時有沒有吃到海螺黑黑的肝臟，但我非常想要海螺的殼，所以拜託爸媽讓我帶回家，並珍藏在餅乾盒裡，每天都笑咪咪地打開來看。有一天，海螺開始散發出異味，因為我沒有把海螺的內殼洗乾淨。我變得不太喜歡海螺，但那是特地帶回家的寶物，實在捨不得丟掉。漸漸地，在家裡和學校遭到責罵的次數變多了，開始忘記寫作業、跟朋友吵架、把墨汁灑了一地……同時又很在意海螺發出的味道。每次回到家，打開抽屜都會聞到海螺散發出來的臭味。有天我下定決心，把它丟進了垃圾桶。丟掉之後，眼前突然變得一片光明。

如果最近總覺得諸事不順，有可能是因為「海螺」的關係。在意海螺發出來的味道，卻怎麼也丟不掉……那個「海螺」可能是一件東西，可能是人際關係，可能是自尊面子。現在是丟掉海螺的時候了。

Date : _____ / _____ / _____   No. _____

1 _____

_____

_____

2 _____

_____

_____

3 _____

_____

_____

_____

寫 下 來 ， 奇 蹟 就 會 發 生

獨角仙的哀愁

小學一年級時，看到家裡附近的超市在賣獨角仙，我就拜託爸媽買了雌雄各一隻。我當時很迷獨角仙，又剛好是暑假，整天看也不膩。全家出門旅遊時，我回來第一件事就是去看獨角仙，確認牠們還在動，鬆了一口氣後，再回報給爸媽。但中元節過後，發生了一件悲傷的事：雄獨角仙突然死掉上天堂了。我最初想裝作沒事，拿著動也不動的獨角仙給媽媽看，「媽媽，獨角仙死掉了耶。」「這樣啊，真遺憾耶。」聽到媽媽這樣說，我放聲大哭起來。獨角仙再也不會動了。我又拜託爸媽去超市買一隻給我，大我一歲的哥哥告訴我：「獨角仙到了秋天就會死掉。」我想辦法讓自己冷靜下來，但還是一邊哭一邊跟媽媽一起把獨角仙埋起來。不久之後，雌獨角仙也死了，但我已經麻痺，放著不管好一陣子。我提不起勁去把牠埋起來，就從陽台丟了出去。那是我克服悲傷，成為大人的瞬間。

任何煩惱或悲傷都能夠克服，大家將這個稱為「成長」。

1

2

3

寫 下 來 ， 奇 蹟 就 會 發 生

好想吃點什麼好吃的

★

「好想吃點什麼好吃的」，這是我媽常掛在嘴上的口頭禪。媽媽平常吃的東西當然都很好吃，回想起來，我們家的飯桌菜色豐富，每個月也都會上館子吃飯。我問媽媽：「什麼是好吃的？」她總是說不知道，但其實根本不需要知道。

保羅‧科爾賀的《牧羊少年奇幻之旅》當中，有一小節提到：「我只是想著想去麥加的夢而已。」還有一小段寫道：「去麥加朝聖是我的夢想，但夢想實現之後，就再也不是夢想了。所以，不去麥加比較幸福。我跟想實現夢想的你不同。」

「不可以放棄夢想！實現夢想吧！現在就採取行動！」自我啟發講師應該會像這樣帥氣地為大家加油打氣。我以前也這樣認為，但現在覺得，**不實現夢想也沒關係**。雖然聚餐未必一定愉快，但一想到等等有聚餐，現在就覺得開心。夢想著吃好吃的，只要現在快樂就好。重點在於，每一刻都過得開心，這樣就夠了。

Date :   /   /   No.

1

2

3

寫 下 來 ， 奇 蹟 就 會 發 生

連續17年的好習慣，
竟然就這樣忘了

我是從2004年5月開始寫部落格，部落格完完全全改變了我的人生。而讓我開始寫部落格的契機出現在2003年12月，當時每天固定閱讀的電子報作者來到福岡演講，他在演講中大力提倡訂定目標的重要性。那位作者建議，新年時先把目標寫下來，我便照著他說的，寫下新年目標，其中一個便是架設個人網站。做得到卻不去做會讓我很難受，所以開始寫起部落格。隔年，我寫下了更具體的新年目標，之後每年的目標越來越具體，難度也越來越高。但沒想到，2022年新年，我明明有想做的事卻遲遲未行動，半年就這樣過去了。不過在那半年之中，我出乎意料地爆紅——不把目標寫出來，反而更有效？這當然不是結論。過去我不斷訂定目標、訂定目標、訂定目標，突然不寫目標，就像無止境不斷被拉長的橡皮筋，鬆手後突然從手中飛出去一樣，反彈的力道達到意想不到的層次，這才是結論。所以，我還是會繼續寫下目標。

1

2

3

有必要跟別人說自己的願望嗎？

「有必要跟別人說自己的願望嗎？」大家經常討論這個問題。有些人藉由跟別人說出願望，迫使自己採取行動，進而完成心願；但對有些人來說，跟別人說自己的願望，反而會造成壓力，變得不想去實現。這只是我個人的感覺，我覺得前者多數是喜歡自我啟發的人，後者則大多喜歡靈性類的東西。

這裡我要講的不是誰對誰錯，而是個人得到的結論。首先，基本前提是，**把願望說出來，可以帶來非常多好處**。把願望說出來，有些人可以因此得到激勵，甚至因為別人的回饋，使願望變得更加具體明確，而且還能牽起意想不到的緣分。比方說，我在 2008 年到處跟別人說想出書，因而結識了某位知名作家，他幫我跟出版社牽線，讓我得以順利出書。但有些人不將願望說出來反而比較好，例如說出來就感到滿足的人。我曾經在自我啟發的講座，看到有位年輕人一臉認真地喊「我要得到諾貝爾和平獎」，沉浸在大家為他拍手喝采的喜悅當中。那種人不會特別採取什麼行動，只想獲得周遭人的認可。他只會不斷大聲說出自己的願望，獲得別人的贊同，僅此而已。

Date :   /   /   No.

1

2

3

DAY 36 STORY

成為有錢人最簡單的方法

★

「讓有錢人成為你的客戶」，這個理論我聽過好幾次，的確也是真的。越有錢的人，越不常客訴，會常來消費成為常客。講白了，消費力低的客群，做決定很花時間，常常有一點不滿就跑去客訴。

我有個百萬級珠寶的銷售高手朋友，他說其實珠寶的單價越高，好客人越多，工作也越輕鬆、沒壓力，收入也因此暴增。那是不是只要提高商品單價就好了呢？未必如此。重點不在於商品的單價，而是銷售員本身。因為贏得了有錢人的信賴，客人喜歡銷售員，所以都跟他買東西。

那該怎麼做才能贏得有錢人的信賴呢？雖然很難用一句話說明清楚，但硬要說的話，我想跟牙齒有很大的關係。有錢人絕對不跟牙齒髒兮兮的人買東西，這是我親耳聽有錢人說的。有廣告文案寫道：「牙齒決定了藝人的演藝生命。」但這不只限定於藝人，有錢人的牙齒都很乾淨漂亮。

Date :　　　　　/　　　/　　　　　　⎛ No.

1

2

3

寫 下 來 ， 奇 蹟 就 會 發 生

用幾十元的牙膏好嗎？

牙齒非常重要，這不是比喻，而是事實。牙齒真的非常非常重要。矯正牙齒可以說是庶民等級的最高花費，自費大概要負擔幾十萬元以上。有人曾說「等我變成有錢人，再來矯正牙齒」，有錢人聽了會直接點破，說你順序顛倒。矯正牙齒之後，才會變成有錢人。接著，把所有銀牙都換成陶瓷假牙，做牙齒美白。兩個月一次定期的口腔檢查是基本，著重口腔健康，不但能預防疾病，即使上了歲數也能保持健康。

如果你覺得這些做起來有困難的話，就先從換牙膏品牌開始。我並沒有吹捧或貶低某些品牌的意思，但一分錢一分貨，便宜牙膏的品質僅只如此。假如一個月會用掉一條牙膏，一條幾十元的牙膏，等於一天一元；一條幾百元的牙膏，則是一天十元。如果只換牙膏就可以讓牙齒維持乾淨健康的狀態，沒有理由不去做。**想成為有錢人，寫下夢想的同時，也要讓自己擁有一口漂亮的牙齒。**

Date :   /   /   No.

1

2

3

寫 下 來 ， 奇 蹟 就 會 發 生

人生的轉捩點，
從說「我真好運」開始

★

對我來說，2004 年是靈性的元年。過去我對這方面一點興趣也沒有，直到要好的朋友突然對我說「你前世是西藏喇嘛」，不知為何，我覺得他說的是真的，因而開啟了序幕。

一切就這樣開始。之後，我對看不到的世界突然充滿興趣，在公司加班時，都跑到書店沉浸在靈性專區。

某天，新聞發表了富豪排名。做健康食品的齋藤一人排在前幾名，除了他之外，名列前茅的富豪大多是金融業界人士。之後，我跑去書店的靈性專區做每日的功課時，發現剛才看到的名字——齋藤一人。他的書一字排開，非常壯觀，打開一看，衝擊性的一句話抓住了我的眼睛：

「說自己真好運，運氣會越來越好。」

我馬上拿著上下兩冊去結帳，回到公司急著想把書全部看完。我下定決心，以後也要說「我真好運」；就算遇到困難挫折，也要說「我真好運」。而那樣做的結果，讓我現在得以享受好運人生。

Date :　　　　　／　　　／　　　　　No.

1

2

3

寫　下　來　，　奇　蹟　就　會　發　生

很遺憾，才華決定了一切

✦

每個人都擁有無限的可能，這說法很常聽到吧？但很遺憾，那是騙人的。島田紳助（編按：日本資深搞笑藝人）曾說，能不能在搞笑圈取得一席之地，100 分的才華是關鍵因素。比方說，一個才華最多只有 5 分的年輕搞笑藝人，他拿出最大的努力 5 分，5×5＝25，才終於開始嶄露頭角。如果有 5 分的才華，卻完全不努力，絕對紅不起來；但現實很殘酷，如果有 5 分的努力，卻沒有才華，也紅不起來。而且更殘酷的是，年輕藝人根本不知道自己有沒有才華，所以常白白付出努力。日本搞笑界的「M-1 大賽」，參加的限制為出道 10 年以內（現為 15 年），就是為了拯救那些沒有才華的年輕人吧。聽到這個，我覺得放心了許多。我很喜歡音樂，但是一點才華也沒有。我花了 5 年才做到的事情，某個後輩只花了 1 個月就做到，他現在成為職業單簧管吹奏家，非常活躍。但我知道自己具有擄獲人心的才華，賺到的錢也高於平均值，所以現在從事音樂製作人的工作。

一生的時間有限，看透自己哪些事情沒有才華，然後把時間花在擅長的事上，比較有效率。**你不需要努力，只要去做自己喜歡且擅長的事就好。**

Date :   /   /   No.

1
_____

_____

_____

2
_____

_____

_____

3
_____

_____

_____

_____

寫 下 來 ， 奇 蹟 就 會 發 生

「沒關係，我有錢」
完全勝利組的女大學生

✦

24 歲時，我背著背包環遊世界。伊斯坦堡是匯集世界各地背包客的知名觀光景點，我到當地一家經濟實惠、名叫 Lokanta（土耳其語為「食堂」之意）的飯館吃飯時，結識了一名短期旅遊的女大學生。長途旅程中衣服總會沾上髒汙的背包客裡，突然出現乾乾淨淨且青澀可愛的女生，餐桌的氣氛頓時變得活潑熱鬧。背包客們以旅行前輩之姿，七嘴八舌地給女大學生許多建議，女大學生也認真地聽著大家的話，即使她根本沒拜託大家。結帳時，背包客們異口同聲驚呼：「好貴！被削了！」飯館的價格似乎比其他餐廳貴了一成左右。不過，雖然說貴，換算一個人也才貴 25 元左右。可能是想在女大學生面前撐面子吧，背包客們開始跟店家殺價。就在那時候，女大學生說：「沒關係，我來結好了，我有錢。」下一秒，大家就像消了氣的氣球，一個個掏出錢，以原本的價格結帳。那個女生，現在一定也過著有錢人的生活吧。「**沒關係，我有錢**」，我也開始把這句話掛在嘴上，現在過著頗為舒適的生活。

Date : ＿＿＿ / ＿＿＿ / ＿＿＿　　　No. ＿＿＿＿＿

1
＿＿＿＿＿＿＿＿＿＿＿＿＿＿＿＿＿＿＿＿＿＿＿＿

＿＿＿＿＿＿＿＿＿＿＿＿＿＿＿＿＿＿＿＿＿＿＿＿

＿＿＿＿＿＿＿＿＿＿＿＿＿＿＿＿＿＿＿＿＿＿＿＿

2
＿＿＿＿＿＿＿＿＿＿＿＿＿＿＿＿＿＿＿＿＿＿＿＿

＿＿＿＿＿＿＿＿＿＿＿＿＿＿＿＿＿＿＿＿＿＿＿＿

＿＿＿＿＿＿＿＿＿＿＿＿＿＿＿＿＿＿＿＿＿＿＿＿

3
＿＿＿＿＿＿＿＿＿＿＿＿＿＿＿＿＿＿＿＿＿＿＿＿

＿＿＿＿＿＿＿＿＿＿＿＿＿＿＿＿＿＿＿＿＿＿＿＿

＿＿＿＿＿＿＿＿＿＿＿＿＿＿＿＿＿＿＿＿＿＿＿＿

＿＿＿＿＿＿＿＿＿＿＿＿＿＿＿＿＿＿＿＿＿＿＿＿

寫 下 來 ， 奇 蹟 就 會 發 生

愛的相反是冷漠，
感謝的相反呢？

★

「愛的相反不是仇恨，而是冷漠」，這句廣為流傳的名言，出自德蕾莎修女。確實沒有什麼比冷漠更殘酷。人之所以對他人發自內心感到憤怒，並不是因為遭受危害或損失，而是因為別人對自己漠不關心。社群網站上沒有按讚，就足以成為生氣的理由。雖說如此，我們也不可能一直關注所有人，身分地位較高的人更是如此。

另一方面，有些人再怎麼受到他人漠視，也不會因此受傷。那是因為他們關注自己；換句話說，他們打從心底喜歡自己。那樣的人不會要求別人關注自己，所以也不會隨便發脾氣。

那感謝的相反是什麼呢？**感謝的相反是理所當然**。這個理所當然的情感，跟冷漠完全一樣。沒有什麼比每天都有飯吃更值得感謝，但有些人卻把有飯吃視為理所當然，稍微有點不滿就發脾氣。人生路上，我們必須隨時關心別人，並抱持感謝的心。

Date :   /   /   No.

1

2

3

應該投注心力的地方

漲也地獄，跌也地獄，其名叫作加密貨幣（虛擬貨幣）。我曾經買過加密貨幣，下場不是很好。當買進的加密貨幣上漲時，很開心，但我希望它繼續往上漲，不知道該在何時賣出；之後加密貨幣開始下跌，我很後悔沒有在漲價時賣掉；再往下跌時，我大受打擊，非常後悔投資加密貨幣。後來我常常拿著手機，盯著價格的變化，結果無論是漲還是跌，每天心情起起伏伏，總是無法平靜，消耗大量的心力。我在損失7萬多元的情況下，把手上的加密貨幣賣了。脫手後，眼前一片光明（跟前面海螺的故事一樣）。

當然，不僅限於加密貨幣，停損停利是投資專家必備的技能，那是他們的「工作」。

我想說的是，不懂的事就不要去碰。像我不懂醫療，基本上醫生說的話我都會聽；而我很懂靈性、爵士和旅遊，所以把它們當作志業，做得還算有聲有色。**我們的心力必須投注在自己喜歡且熟悉擅長的事物上。**

Date :   /   /   No.

1

2

3

寫 下 來 ， 奇 蹟 就 會 發 生

人生的三大支柱

「請告訴我三樣你現在熱衷的事物。」

能馬上回答這個問題的人，跟無法馬上回答的人一分為二，兩者之間有巨大的鴻溝，可以說呈現出兩極化。

像我對旅遊、音樂和靈性感興趣，只是單純喜歡這三件事，但回過神來，它們已經變成我的工作。而我不會把高爾夫加進來，魔術或釣魚也不會碰。人生看似漫長，但其實並非如此。任何人活了30年，感興趣的事物大多會集中在三樣左右，重點在於自己有沒有察覺到而已。相信人生有無限的可能，往未知的世界前進時，又覺得人生有點短暫。人大概7歲時，就會發現自己的天命，小時候沉迷的事物，常常在長大後成為支撐自己的支柱。我小時候喜歡山林探險、錄音機和看著天空幻想。這裡我想再問一次：

「請告訴我三樣你現在熱衷的事物。」

如果你能馬上回答，現在的心願應該很快就可以實現。

Date :　　　　／　　　／　　　　　　No.

1

2

3

寫 下 來 ， 奇 蹟 就 會 發 生

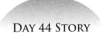

DAY 44 STORY

雖說許願要用完成式……

據說許願時，不可以用未來式，例如「我想跟溫柔、長得好看的有錢人結婚」。如果不用完成式的句型，例如「我跟……的人結婚了」，願望便很難實現。

這個說法的根據是，若使用「希望○○」的未來式，那個「希望願望實現＝願望未實現」的狀態就會成真，帶來反效果。所以許願時，必須用願望已成現實的完成式。這可能是真的，但「已經成真」在當下卻是假的，所以對沒辦法說謊的人來說，或許有點困難。

這裡有個小技巧：你可以用現在式許願，例如「我正在跟……的他結婚」。無論當下的狀態如何，「我正在……」的句型，同時包含了未知、可能會發生的部分，所以不算是謊言。如此便會誘發出吸引力，帶來願望彷彿逐漸實現的臨場感，出現等同於願望實現的狀況時，再把句子改成完成式就好。

雖然建議大家使用現在式許願，但即使用未來式，只要是打從心底、充滿熱情、熱血沸騰地許願，願望也會實現。

Date :   /   /   No.

1

2

3

寫下來，奇蹟就會發生

竹林的祕密

小時候，有人在竹林裡撿到2500萬元，電視新聞連續報導了好幾天。失主一直沒有出現，那筆錢扣掉稅金後，進了撿到的人口袋。這種事情不常發生，但理論上，竹林裡藏著2500萬元，也不是不可能的事。這筆錢應該是燙手山芋，可能有人為了逃稅，把錢藏在衣櫃裡，得知國稅局要來追查，就把錢藏到竹林，以逃避追繳或刑罰。

講這個故事，不是要大家去竹林挖寶，但我敢說，竹林裡面的確有錢等著大家去撿這件事，對於認為賺錢就是必須吃苦的人來說，或許是難以接受的事實。但世上確實有很多人過著錢財彷彿唾手可得的生活。老實說，認為「吃苦＝金錢」的人，永遠不可能賺大錢。想讓收入變三倍，就必須吃三倍的苦的話，也太辛苦了。因此，重點在於改變前提條件：我們可以輕鬆賺錢，就算每天都在玩，錢也會自己找上門。其實，竹林就在眼前，甚至可以說，錢林就在眼前。打破常識吧。雖然才能有限，但金錢無限。

Date :   /   /   No.

1

2

3

寫 下 來 ， 奇 蹟 就 會 發 生

獲得財富的咒語

★

（a）我經常是自由的。
（b）我經常是富足的。
（c）我擁有實現所有願望的力量。
（d）所以我擁有無窮盡的財富。

上面的（a）「經常自由」，陳述的是事實，因為無論身處什麼樣的環境，內心永遠是自由的。接著，「經常富足」也是事實，因為你正在閱讀這本書，貧困的人連買這本書的錢都沒有。（c）「擁有實現所有願望的力量」也是事實，因為我們只會許下能實現的願望。最後的（d）「擁有無窮盡的財富」也是事實，因為你自由且富足，還擁有力量，能夠實現願望，財富自然會找上門來。

這些都是事實，潛意識很自然地都會接受，我們只要想辦法記住這個真實咒語就好。潛意識存在於肌肉，當咒語存在於肌肉的所有角落，將永遠保護著你。肌肉不會背叛你，當你有煩惱時，肌肉會無意識地啟動咒語來保護你，所以你可以輕易取得實現所有願望的錢財。

Date :　　　　　／　　　　／　　　　　　　No.

1

2

3

人蟲大戰之謎

以前，我跟幼時玩伴小實一起跑到銀杏樹下挖昆蟲的小幼蟲。從幼蟲的大小來推斷，應該是豔金龜的幼蟲。因為實在是太有趣，我們越挖越起勁，結果小實突然大叫一聲「好大」——我們居然挖出可頌麵包大小的巨大幼蟲。下個瞬間，剛才挖的小幼蟲，突然從地底下跑上地面，把我們團團圍住，彷彿身處地獄。

這個巨大的幼蟲是什麼？我們很害怕，對著巨大幼蟲狂丟石頭，但石頭全都被彈了回來。我們拿了更大顆的石頭丟過去，也是輕易地被彈了回來。詳細經過就不贅述，總之我們最後取得了勝利，包圍我們的幼蟲全部一起鑽回地底，泥沙地又恢復成原本的樣子。我們累得癱坐在地上。

我在很多地方講過這個故事，但沒人知道那是怎麼一回事，在網路上也查不到。解開這個謎團，可以說是我的人生目標之一。我把這故事放到YouTube後，有人在留言欄寫下了謎團的答案（解答就在Day 49）。

1

2

3

寫 下 來 ， 奇 蹟 就 會 發 生

圓的悖論

上方左圖，該如何正確地定義呢？大部分的人都回答「有缺角的圓形（或是圓圈）」，也有不少人並未提到缺角，直接回答圓形。但精確地說，這是「曲線」——這是彎曲的線條，所以是曲線。就算提到缺角，若將這個圖形視為圓，就是種偏見。既然如此，你覺得上方右圖是什麼呢？有個名叫「堆垛悖論」的理論，命題為從沙堆拿掉一粒沙子，也還是沙堆；假如繼續一點一點拿掉沙子，當沙子只剩下最後一粒時，還可以稱為沙堆嗎？同樣的，假如左圖是有缺角的圓，當空白的部分不斷擴大，變成右圖時，還可以稱作圓嗎？相反的，假如右圖不是圓，當空白的地方越來越少，變成左圖時，我們可以說那不是圓嗎？理論上來說，這是悖論，而我們總是從對自己有利的方向去推論。

Date :   /   /   *No.*

1

2

3

DAY 49 STORY

大腦總是試圖填補空白

雖然圖有空白的地方，且正確來說應該是曲線，但將上一篇文章的左圖視為圓，也沒有人會對此感到抗拒。原因在於，那個圖形看起來就像圓形。其實我們在認識這個世界時，對感覺的依賴更勝於理論，即使理論上是錯誤的，當我們覺得那個東西看起來像圓形，那就是圓形。因此，像上篇文章的圖例，我們在無意識中填補了空白處，將單純的曲線感知為圓形。一萬片的蒙娜麗莎拼圖，即使缺了一小塊，我們還是可以知道那是蒙娜麗莎。大腦其實很隨便，只看整體，不大管細部的東西，因為這樣沒有壓力，不必思考多餘的事。然而當空白超過可容許範圍時，便會產生壓力。一萬片拼圖中少了一百片時，想必會讓人感到不安吧？即使如此，大腦還是會想辦法修復，擅自拼湊出整體圖像；換句話說，也就是所謂的「腦補」，在腦中想像修補，「幻想」也很接近這個情況。這是大腦為了填補疑問所產生的保護機制，即使當下搞不清楚是怎麼一回事，也能快速地填補空白。

小時候的巨大幼蟲，我想就是白蟻的蟻后。

Date : / / No.

1

2

3

寫下來，奇蹟就會發生

未來就在右上方

想實現願望，讓人生平步青雲，就必須學會提出好問題。如果有陌生人突然跑來說：「不好意思，我們是不是在哪見過？」你應該會嚇一跳吧。這時你會盯著對方的臉，試圖回想。假如對方說「抱歉，我認錯人了」，問題便到此結束；真的想起來，問題也是結束。

現在請用同樣的方式，問問自己：「不好意思，想要月收百萬，該怎麼做才好？」此處的訣竅就在於，**看著右上方提問**，因為未來的自己就在右上方，也可以說是「高我」。

用一般的時間軸來說，左邊是過去，右邊是未來。所以朝著左下方回想過去的事情，相對地快很多。同樣的，想對未來問些什麼時，就必須朝著右上方提問，如此一來，未來月收真的變成百萬的自己，便會傳授方法給你。即使未來的你沒有馬上出現，也會在快忘掉時出現。對未來提問的瞬間，會產生空白，而大腦會拚命想填補那個空白，甚至把未來的自己帶來，用答案填補空白。

Date :　　　　　　 /　　　　 /　　　　　　　　No.

1

2

3

寫 下 來 ， 奇 蹟 就 會 發 生

哈希法則

2018 年，我跟九個夥伴一起到埃及旅行，身為旅人的我負責規畫行程。我第一次到埃及是 20 年前，再次造訪，感覺街道上的氛圍沒什麼太大的改變。開羅的郊外有金字塔，達哈布為紅海的度假勝地，同時也是登上西奈山頂的登山口，是比較小眾的旅遊景點。當時的旅伴都有點年紀，所以基本上我們都是住高級飯店，但第一天安排了背包客專用的便宜住宿。在那個便宜旅店，我認識了大學生哈希，一個性格開朗的男孩。哈希剛好跟我們同一時間到埃及旅遊，而我們其中一位團員在出發前臨時取消行程，房間就那樣空著。已經預定好的房間沒辦法取消，所以我們便邀請哈希一起去達哈布的度假村，餐錢也由我們出。他不斷說自己很好運，但我們更好運，因為能跟這麼好運的人一起旅遊。哈希越是好運，我們也跟著越來越好運。也就是說，**珍惜眼前的緣分，好心一定會有好報，幫助別人就是在幫助自己**。我把這個現象稱為「哈希法則」。

Date :   /   /   No.

1

2

3

寫 下 來 ， 奇 蹟 就 會 發 生

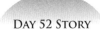

強運的人

基本上我喜歡一個人經營公司，但開了第二間專營爵士樂的公司後，出乎意料地忙碌，所以請了一個人來幫忙。

我其實跟那位員工是舊識，對彼此來說，時間點也都很剛好。我對他的印象是，非常「強運」。他自己當然沒有意識到這點，從客觀的角度來看，他的人生過得相當順遂。老實說，他並沒有什麼特別的技能或經驗，但就連心靈勵志業界的大老也說他很強運，得到權威人士的認證。

那個人有次因為開支大增，在財務狀況緊繃、即將崩壞之際，覺得買樂透會中大獎，就把身上所有的財產7500元，全部拿去買樂透。結果中了50萬元。他拿那筆錢擺脫了困境，還有多餘的錢拿去做自己想做的事。

我想，既然都要雇用人，就不要以計時的打工方式，而是正式雇用，也幫他保了社會保險。結果，公司業務變得更加忙碌，這當然是好事。果然也是哈希法則。

No.

1

2

3

寫 下 來 ， 奇 蹟 就 會 發 生

人一生會死三次

★

我請算命老師幫我看運勢，他說我 20 多歲時是人生谷底，35 歲之後運氣會開始上升，48 歲立春後的 12 年，是我的黃金時期，無論做什麼都很順手，60 歲後的運勢也還算不錯。那位老師教我一個道理，人一生會死三次——最初死掉就是夭折，第二次還有點太早，第三次則是壽終正寢。我似乎平安度過了前面兩次死亡，第二次的死亡應該是在 2008 年 8 月，我在名叫寶滿山的修練之山，遭到雷擊失去意識。正確來說，是登山杖導電導致觸電，我回過神來時，人已經倒在不同的地方。我往左邊倒，所以只有擦傷跟左腳髂脛束撕裂傷，如果往右邊倒，應該不在人世了。

我問了算命老師，為什麼那個時候我活了下來。他說，就我的命來看，當時原本會離開人世，但總歸一句話，祖先保佑了我。這就是提升運勢最大的祕訣——孝順父母，然後再進一步地孝順祖父母、掃墓，緬懷感念祖先。世世代代遺傳下來的基因，能保護自己成為強運的人。

Date : _____ / _____ / _____   No. _____

1 _____

_____

_____

2 _____

_____

_____

3 _____

_____

_____

_____

寫 下 來 ， 奇 蹟 就 會 發 生

火星沒辦法住人的真正原因

★

火星移民計畫似乎開始啟動。聽說實際招募火星單程旅行的參加者時，就有數十萬人報名參加，或許在我們還活著時，人類就可以登陸火星進行探查了。

要在火星上生活，必須有空氣、水和食物。火星的重力和溫度相對接近地球的環境，除此之外，空氣和水的問題似乎也能獲得解決。火星上有二氧化碳，能夠栽培植物，製造氧氣。火星上也有水的痕跡，因此要解決水源問題似乎並非不可能。

專家認為，至少跟月亮或金星相比，火星的可居性高很多，只要運用人類的智慧，移民火星的夢想並非不可能。但實際要居住，火星的環境似乎是最難適應的。

困難的地方就在於，火星粉紅色的天空。一開始可能會覺得粉紅色天空很稀奇、讓人感動，但過了幾天之後，頭腦會越來越不清楚，精神狀態越來越差。**對我們來說，藍色的天空很理所當然，實則珍貴。**不妨把今天當作感謝日，抬頭看看天空，花半天的時間感謝各種事物。

Date : _____ / _____ / _____   *No.* _____

1
_____
_____
_____

2
_____
_____
_____

3
_____
_____
_____

寫 下 來 ， 奇 蹟 就 會 發 生

社會是由資訊形成的

★

人沒有進食就活不下去，也需要有遮蔽風雨的居所，和保護身體的衣物，然而，我們卻會把金錢用在非生存必需品的事物上。即使沒有音樂、電影、圖書、運動等，人類也可以像動物般活下去。過去在柬埔寨，就有獨裁者試圖實現這樣的社會。

食衣住行等生活必需品（物質）和非生活必需品（資訊），兩者的比例是多少呢？有些人或許認為是各半，但其實社會99％由資訊所組成。

我們吃的米飯，也是立基於資訊上。我們買米時，買的不只是米，而是米的品牌，例如笹錦米或是越光米。瓶裝水也是，我們買的不單只是水，而是購買「產自○○的純淨好水」。而且資訊內容可以輕而易舉地變更，例如，「產自○○的純淨好水」裡的○○，一眨眼就可以從富士山變成阿蘇山。

假如這個社會99％是由資訊所組成，我們也可以輕易改變事實。也就是說，**自己決定如何看待眼前的事實**。

Date :　　　　／　　　／　　　　　　No.

1

2

3

寫 下 來 ， 奇 蹟 就 會 發 生

自以為可愛的女生

你也是由資訊所組成。白鳥想變成黑鳥很難,應該也做不到,因為我們無法改變物質。那我們有辦法改變自己嗎?可以,而且很簡單。比方說,「我不受歡迎」的想法,也是因為賦予自己的資訊所造成。以前學校有位不怎麼可愛、卻自以為可愛的女生,她一直說自己很可愛,但完全是場誤會,周遭的男生也常常在背後抱怨她。

但我聽說,那個女生高中畢業之後,突然變得大受歡迎。這裡要再強調一下,她一點姿色也沒有,但是她不斷往自己貼上「我很受歡迎」的資訊,最後變成了事實。老實說,她看起來也真的變得有點可愛。

這本書的「奇蹟」也過了一半,三個願望,你每天都持續各寫了三次。就像那個女生一畢業就大受歡迎一樣,你寫了100天之後,願望很有可能會開花結果。你現在還處於不斷改寫資訊的階段,**寫出來的東西,會刻印在宇宙,最後成為事實**。想寫什麼,是你的自由。你寫的東西,最後會變成事實,並呈現在你面前。

Date : 　　　 /　　　 /

No.

1

2

3

寫 下 來 ， 奇 蹟 就 會 發 生

129

透過自我驅邪，讓運勢谷底回升

★

2009 年左右，我在某個商業管理的集訓營上，認識了名叫查爾斯的男性。我們之所以結識，是因為某天吃早飯時剛好坐在同一桌。之後，他常常來參加我主持的講座和活動。2017 年夏天，我主辦的河口湖集訓營結束後，他開車送我回去，途中跟我講了一件很奇妙的事。

「有件事情我一直沒跟你說。其實我得過癌症，現在已經完全好了。當時某個方法帶給我很大的幫助，那就是驅邪。」

他當然接受了標準的醫學療程（例如手術等），但驅邪的效果似乎非常顯著，他說可以感受到成效。後來他把那個方法改良並升級成「查爾斯式自我驅邪法（CSJM）」，廣為大家所知。在 YouTube 搜尋「CSJM」，就能看到詳細內容。當時我剛好有點低潮，透過那個方法，順利地讓運勢谷底回升。

使用驅邪方法的關鍵就在於，向潛藏於自身潛意識裡被囚禁的靈魂感謝、懺悔和告別。這不是玄學，而是自我療癒最強的方法。

Date :   /   /   No.

1

2

3

DAY 58 STORY

在懷紙寫下「日」字的祕術

各位知道什麼是懷紙嗎？懷紙現在經常使用於茶席，但它原本被當作筆記用紙、杯墊、喜奠儀包裝等，用途非常廣。聽說在懷紙寫上「日」字，可以帶來非常驚人的效果。這是我朋友愛德華‧淺井告訴我的故事。1200年前，淺井的祖先居住在長崎縣的島原半島，經常受水源匱乏之苦，那時解救危機的人，就是弘法大師空海。空海運用法力，鑿了一口井，一口氣解決了水源不足的問題。那口井到現在還保存著。據說，淺井的祖先從空海僧侶得到以下開示：

「正因為生逢亂世，更要為眾人奉獻，如此淺井家便能繁榮萬世。但為此必須有所防備。我把所有的力量，都灌注在這個『日』字。只要隨身攜帶，冥冥之中就能獲得保佑。」

島原半島位於九州正中央，避開了來自北方毛利軍、南方島津軍的襲擊和鎮壓。而且在長崎原爆的前一個禮拜，有志之士引導大家集體疏散至島原，淺井家的血脈因而得以傳承下來。淺井家流傳1200年的祕法，現在終於公開於世。

Date : _____ / _____ / _____   No. _____

1

_____

_____

_____

2

_____

_____

_____

3

_____

_____

_____

_____

大日如來佛就是華麗耀眼

宇宙的正中央在哪呢？無限的宇宙當中，可能根本沒有所謂的正中央。但是在靈性這個領域，談到正中央＝自己，就會帶出非常美好的概念，例如：「你就是宇宙的正中央！」

不過，我想講個較為客觀的說法。密教有類似的概念，以曼荼羅的方式呈現的宇宙正中央，就是大日如來。弘法大師空海將力量注入「日」字，「日」字的真面目其實就是大日如來；換句話說，宇宙的正中央可能是大日如來或太陽。然而在佛教，有所謂的地位之分，例如明王、菩薩、如來、觀音等菩薩為修行者，必須發揮各自的使命，當修行結束時，就會成為如來。其中大日如來，又為超越各種神佛的宇宙根源。

菩薩和如來，外表上有明顯的差異，相對於菩薩有寶冠等裝飾品，如來基本上只有一件衣物。如來覺悟了，所以不需要裝飾。但大日如來不同，衣著比菩薩來得更華麗耀眼。都已經覺悟了，為什麼還需要裝扮得這麼華麗耀眼呢？大日如來一定會這樣回答：「因為我喜歡。」

Date :　　　　／　　　／　　　　　　No.

1

2

3

寫 下 來 ， 奇 蹟 就 會 發 生

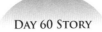

喜歡沒什麼不可以

我從以前就很喜歡《美味大挑戰》這部料理漫畫，看到幾乎可以倒背如流。漫畫是以關係複雜、糾葛的父子進行料理對決為主題，其中有篇題材是火鍋對決。主人翁山岡士郎，端出深受全國各地男女老少喜愛的「萬鍋」，相對的，山岡的父親海原雄山，則端出主打螃蟹、鱉、河豚、鮑魚、海鰻和松茸的至高「五大鍋」，最後海原勝出。擔任對決裁判的是大徹大悟、有一貫大師之稱的茶人。山岡抗議道：「五大鍋這麼昂貴的料理，庶民根本吃不起。」但東西的價格和價值，其實是兩回事。山岡端出諂媚萬人的火鍋，只令人感到厭惡；而五大鍋則是可以滿足所有人的至高美饌，名不虛立，完全點破了山岡的論點。

這個故事我覺得是非常典型的大日如來。已經大徹大悟的如來，明明不需要裝飾，卻金光閃閃非常耀眼，理由只是因為祂喜歡。只要喜歡，沒什麼不可以。因為○○，所以「做不到」「不適合」——**不需要限制自我，放棄喜歡的事物，只要「我喜歡」，誠實面對自己就可以了，因為那正是活在宇宙正中央的方法。**

Date :　　　　　/　　　　/　　　　　　　No.

1

2

3

寫 下 來 ， 奇 蹟 就 會 發 生

宇宙最強的咒語：「以神之身」

這是我跟夥伴們租車到九州巡遊時發生的故事。朋友喜歡開車，我們便交給他駕駛，但一個人開車很累，坐在後面的夥伴說：「告訴你一個不會疲累的方法，那就是『我以神之身開車』。」後來才知道，那句話是他當下突然想到的。他那樣一說，車內氣氛不知為何突然變得很熱絡，駕駛也真的一點都不累了。

這個以神之身的應用非常廣：「以神之身工作」「以神之身玩樂」「以神之身喝酒」「以神之身上廁所」「以神之身睡覺」，以神之身可以用在各種行為上。

我們本來就是自己的神，是宇宙、是萬物的創造者。自己不存在，宇宙就不存在。我，就是神。但幾乎大部分的人，都忘記自己是神，大概只有嬰兒才知道。

現在請回想一下你身為神這件事，以神之身寫下願望。寫完後，以神之身睡覺，然後起床。如此一來，就會想起這個宇宙是如自己所願運作的。

1

2

3

寫 下 來 ， 奇 蹟 就 會 發 生

對身體不好就不吃了嗎？

世上有很多健康法，跟飲食相關的見解尤其多，有些甚至會對思想、意識型態帶來影響。有人說絕對不可以吃肉，也有人說吃肉就對了。最近流行低碳，減少碳水化合物的攝取，因此也有人說，只要不是小麥等含麩質的食物，怎麼吃也沒關係。針對乳製品的討論也相當熱絡。當然，也要視個人體質和當時的身體狀況而定，但各種不同的健康法卻有共同敵視的食材，那就是白砂糖，反而建議食用黑砂糖。

有不少人以偏激的言論，將白砂糖視為萬惡之源。白砂糖彷彿被當成毒物，但是請大家想一想，白砂糖吃多了確實不好，但任何東西不也是一樣嗎？水喝太多，會引發水中毒，很危險。一直以來大家都說白砂糖好吃，白砂糖有製造出什麼危害嗎？沒有什麼比白砂糖更讓人感到雀躍的，它是人類追求甜味的完成式，是美好憧憬的結晶。那樣的白砂糖，吃了一點也不罪惡，覺得白砂糖不好卻去吃才是最糟的，不是嗎？

Date :　　　　　 /　　　 /　　　　　　　No.

1 _____

_____

_____

2 _____

_____

_____

3 _____

_____

_____

_____

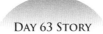

那樣想是不是有點偏激？

有些人說農藥和添加物對身體不好，極力鼓吹有機和無農藥。農藥當然受到政府和專業機構嚴格管控，在對身體沒有危害的前提下使用，糧食也因此得以穩定供應。如果沒有農藥，恐怕九成的國民都必須從事農業，許多人會有嚴重腰痛和椎間盤突出症。順帶一提，北韓這類社會主義國家，確實能以近乎有機農法的方式提供糧食給國民。我曾去過北韓，感覺就是如夢般的美食國度，啤酒尤其是世界第一美味。

讓我們回歸正題。資本主義國家想實現穩定的糧食供給，就必須使用農藥，這是農業部和一般農家的一致意見。即使如此，還是會有人說：「那你有辦法喝農藥嗎？沒辦法嘛，那就是答案。」（真的有人這樣對我說過。）

農藥當然不能喝。如果有人這樣問，我想回問：你有辦法一口氣喝下350毫升的醬油嗎？判斷對身體是好是壞，量絕對是一大指標。**當人走向極端，就很容易迷失。**

1

2

3

讓自己不幸的習慣

✦

凡事都要看如何取得平衡（而非零和）。大家知道農藥對身體不好，但因為這樣就完全不使用農藥，會失去很多東西。正因為如此，該領域的專家花費大量的時間，集結眾人的智慧，尋找出對身體無害、並且能讓農作物穩定供給的農藥使用量。我們就是活在這樣絕佳的平衡之上。假如有某個習慣會讓自己落入不幸的深淵，那個習慣就是平衡的相反——極端。在網路上看到 YouTuber 說小麥對身體不好，就斷絕所有小麥製的食物，開始大量食用米飯，太多的糖分反而對身體不好，東南亞和南印度為米食文化，許多人因此深受糖尿病之苦。聽到斷食對身體好，就過度極端地斷食，犧牲每天的生活品質。「只要做○○，凡事就會順遂」，但世上根本不存在所謂的○○。硬要說的話，**若能取得平衡，凡事就會順遂**。如果你總覺得自己最近什麼都不順，可以問問自己，現在有取得平衡嗎？那個瞬間，身體維持平衡的本能就會自己啟動。

Date :   /   /   No.

1

2

3

寫下來，奇蹟就會發生

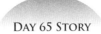

實現願望的不是右腦，是左腦！

意識和潛意識，可以用「左腦＝思考」和「右腦＝感覺」來對照。在靈性業界，似乎對右腦的信仰較為深厚，他們認為只要激發右腦，人生就能逆轉勝。舉比較極端的例子來說，就像是站在彩券行前面，右腦能感應到號碼，然後中大獎，或是彷彿擁有弘法大師空海的超能力，挖出水井或溫泉。很可惜，我到現在還沒遇過擁有那種超能力的人。但我不否定世上有超人般的超能力，實際上，確實也存在活化右腦的方法論。

想充分發揮右腦非常困難。用比喻的方式來看，「右腦＝馬」「左腦＝騎手」，鍛鍊右腦，就像不斷丟飼料給脾氣火爆的馬兒，放任牠自由發展。

我們需要的是具有騎手功能的左腦，用心調教馬兒，讓牠往期望的方向發展。

第一步就是目標要明確。把目標寫下來，反覆確認，質疑未達成心願的自己，並思考方向。然後用好問題不斷反覆自問，控制馬兒的行為。

Date :   /   /   No.

1

2

3

寫 下 來 ， 奇 蹟 就 會 發 生

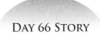

不斷提問，然後放著就好

把大腦縱向對切，左邊是左腦，右邊是右腦，分別掌管思考和感覺。如果用馬來打比方，左腦是騎手，右腦是馬。接著，再橫向對切成四等分，大腦的後半部是執掌潛意識的原始腦，前半部則是有意識的人類腦。

②左、前　　③右、前

疑問　提問

確信　神諭

①左、後　　④右、後

首先，大腦的「左、後」有騎手確信的想法，比方說「我不受歡迎」。而「左、前」則是對深信不疑的確信提出疑問，例如：「我真的不受歡迎嗎？」懷疑的念頭能中和認為自己不受歡迎的想法。馬接著就會在「右、前」提出疑問：「怎麼做才會受歡迎？」不需要引導出答案，只要不斷提問，然後放著就好。最後，就會在「右、後」聽到神諭，也就是說，馬會開始奔向受歡迎的方向。對於右腦（馬）的開發，左腦（騎手）有很大的功勞。只給飼料卻不訓練，是非常危險的事，因為你不知道馬會跑去哪。

Date :　　　　／　　　／　　　　　　　　No.

1

2

3

寫 下 來 ， 奇 蹟 就 會 發 生

確信是如何形成的？

我們的人生深受想法和確信的影響，跟性別、年齡、學歷和容貌無關。假如有人認為自己不受歡迎，只要改變想法，認為「我很受歡迎」，就能輕易改變現況，廣受大家的喜歡。怎麼做才能改變想法呢？用筆寫在紙上是一種方法，但是在寫之前，了解人的想法和確信是如何形成的，會很有幫助。

確信的形成分為兩階段。第一階段為 0 到 3 歲的嬰幼兒時期，在這段期間，嬰幼兒與母親直接且頻繁地接觸，形成與生命直接連結的確信——這世界是安全的。第二階段則是 3 歲到 15 歲左右的年少時期，這時期透過獲得父母的認同，形成社會性的確信——可以活在這個世界。母親滿足生存需求，父親滿足認同需求，而需求未獲得滿足時，就會形成「這個世界很危險，所以我不受（媽媽的）歡迎」「我沒辦法待在這個世界，所以不受（爸爸的）歡迎」的確信。

實際上，也真的有不少人在嬰幼兒時期，並未與父母取得足夠的親膚接觸。但**最終只要自己認同自己就可以了。而且，宇宙絕對是愛我們的，所以我們一定可以實現願望。**

Date :　　　　　／　　　／　　　　　No.

1

2

3

DAY 68 STORY

風雲人物的畢冊照片

✦

以前讀書時有個非常受歡迎的女生，她不但受異性歡迎，在同性之間也吃得開。但是畢業十幾年後，有次翻畢冊時，發現她長得其實沒有想像中好看。如果只看臉，當時其他許多不起眼的女生都比她可愛。

為什麼她會這麼受歡迎呢？現在總算能理解，因為她非常喜歡自己。她正面積極地肯定各種事物，幾乎不曾有任何怨言、不滿，總是笑咪咪。她打從心底喜歡自己，喜歡自己的一切。從現在的角度來看，她可以說是高度肯定自我的人──「這個世界很安全」「大家認同我的存在」。因此她喜歡周遭人，而周遭人也直接反映了這個情況──每個人都很喜歡她。大家喜歡什麼樣的人呢？我們都喜歡「喜歡自己的人」。

但有些人沒辦法喜歡自己，也活得好好的。那是因為**我們本來就被宇宙所愛、所祝福**──愛自己的第一步，就是要認知到這個事實。

Date : _____ / _____ / _____   No. _____

1
_____
_____
_____

2
_____
_____
_____

3
_____
_____
_____
_____

寫 下 來 ， 奇 蹟 就 會 發 生

人生不會因為一句話而改變，
卻會因為兩句話產生變化

★

這是我在布萊恩・崔西的演講上聽來的，他說有方法可以讓產品大賣，其中一個就是「**我喜歡自己**」這個咒語。我在跑客戶時，上司、前輩也多次告訴我，跑外務前要先跟自己說幾次「我喜歡自己」。拜訪客戶時，常常遭到拒絕，被拒絕的當下，可能會覺得自己的人格遭到否定，但如果喜歡自己，被人討厭也不會有任何感覺，所以能一再挑戰。另一個咒語則是「**一切都掌握在自己手上**」。如果遭到拒絕，不是對方的錯，也不是因為天氣不好，更不是因為商品或社會的問題，而是賣的方式不好。所以，只要改進就好。如果把賣不出去的原因歸咎給天氣差，心情可能會舒坦一些，但如此一來就會變成好天氣才賣得出去。若天氣好也賣不出去，接下來就會去怪罪其他東西。那樣一點也不自由。我們沒辦法改變天氣，卻能改變自己。**透過「我喜歡自己」的咒語，接受一切；藉由「一切都掌握在自己手上」的咒語，不斷自我改進**。你的人生會因為這兩句咒語，產生戲劇性的變化。

1

2

3

寫 下 來 ， 奇 蹟 就 會 發 生

覺悟的三階段應用

✦

我從2004年開始瀑布修行，至今在瀑布底下進行了將近兩千次的修行。一年之中超過100天都在瀑布修行，連嚴冬也是修行日。冰點下的天氣，有時瀑布的水會混入冰塊，想當然冰塊水打在身上又冷又痛。大概是在瀑布修行第三年左右，修行再多次，我依舊無法習慣在嚴冬下做瀑布修行，每次都覺得又冷又痛，非常痛苦，但既然下定決心了，就只能提起精神做下去。我打起精神，大喊著：「嘿！哈！」但瀑布並沒有因此變得暖和，只是傷害自己的喉嚨而已。既然如此，想說用點小技巧好了，便開始想像從遠方眺望在瀑布底下修行的自己，然後播放輕鬆的音樂。這當然也是在腦中想像，是非常自我啟發式的方法。

但畢竟是騙自己，瀑布一如往常地流動，再怎麼打起精神、矇騙自己，瀑布依舊還是瀑布。最後我整個人豁達了，垂頭喪氣地什麼也不想。結果，修行不知不覺就結束了。也就是說，最初幹勁十足，接著矇騙自己，最後豁達放空——假如人生是瀑布的話，這就是覺悟。

1

2

3

寫 下 來 ， 奇 蹟 就 會 發 生

鬼真正可怕的原因

★

以前我有個很喜歡的喜劇演員兼諧星，叫李奧納多熊。我很喜歡也經常收看所謂的靈異節目，李奧納多熊擔任來賓的某一集非常可怕，到現在都還印象深刻。那一集，李奧納多熊向通靈者請教：「我遭到惡靈的攻擊，該怎麼辦才好？」我記得通靈者建議他在身上貼神符，並唱誦心經。節目還介紹了後續發展，他確實因為這個方法擊退了惡靈。

但不久之後，李奧納多熊突然暴斃身亡。據說是癌症末期加上急性心臟衰竭，享年59歲，說不上是壽終正寢。我聽到消息，馬上就覺得他是被鬼魂殺死的。

但除了他之外，我沒有遇過其他人遭受鬼怪的迫害。雖然我不確定鬼是否真實存在，但是對不少人來說，鬼真的存在，而且對生活造成威脅。說起來，為什麼鬼這麼可怕呢？並不是因為鬼會對人們造成危害，而是「可能造成危害」。也就是說，來歷不明、不知道是什麼，所以才令人感到害怕；一旦弄清楚是什麼東西，就不會害怕了，還可以為它取個俏皮的名字。不過，李奧納多熊死亡的真相依舊未明。

Date :   /   /   No.

1

2

3

寫 下 來 ， 奇 蹟 就 會 發 生

我可愛的未來小寶貝

★

鬼因為來路不明，才令人害怕；換句話說，恐懼的真面目，就是無知。在 2020 年，新型冠狀病毒之所以可怕，是因為我們搞不清楚它是什麼東西；兩年之後，新冠病毒的詳細資訊、治療法和疫苗都發展到某種程度，病毒似乎變得沒有以前那麼可怕了。

現在請回想看看，什麼東西讓你感到恐懼？所有恐懼，都是針對未來。「我對過去或現在感到恐懼」，語意上是矛盾的。未來可能會沒有錢，所以很害怕，但現在生活還算過得去，至少現在不會感到恐懼。未來之所以是未來，就是因為我們不知道它會長成怎樣，才覺得害怕。

占卜和預言之所以存在，就是因為人們想要削減對未知事物的恐懼，哪怕只削減一點點。只要人類有未來，占卜和預言就永遠不會退流行。

緩和恐懼的方法有好幾個，最有效的就是察覺到「當下」。做起來並不容易。這時，只要幫恐懼取個暱稱，幫助自己放鬆心情就對了，例如「我可愛的未來小寶貝」。你害怕的東西，莫非是「未來小寶貝」？

Date : 　　　　／　　　／ No.

1

2

3

寫下來，奇蹟就會發生

屁股變成三七分的話怎麼辦？

以前說到上班族的髮型，大多是三七分，最近倒是不常見了。上網查了一下，發現現在的三七分變得很時髦。我想像的三七分髮型，大概是以前某知名假髮廠商推出的那種，有點光澤、很服貼。這麼一說，那種把頭頂稀疏的頭髮梳齊，用來遮禿頭的髮型，現在也不常見了。

時代在改變，不過屁股從來沒有流行過三七分。或許有，只是我不知道而已？說不定三七分的屁股是存在的，今後可能會公諸於世？三七分的屁股會不會引發流行呢？我想著這些，想到晚上睡不著⋯⋯才怪。

不過，10 年後如果沒有錢怎麼辦？失業怎麼辦？生病怎麼辦？離婚又怎麼辦？這些問題就可能真的讓人想到睡不著覺。對我來說，煩惱這些問題，就跟想著未來三七分屁股會不會流行是一樣的，因為屁股會不會變成三七分，根本就不重要。而且，人總有一天會死掉。

Date : ＿＿＿＿＿ / ＿＿＿＿ / ＿＿＿＿＿＿　　No. ＿＿＿＿＿＿＿

1 ＿＿＿＿＿＿＿＿＿＿＿＿＿＿＿＿＿＿＿＿＿＿

＿＿＿＿＿＿＿＿＿＿＿＿＿＿＿＿＿＿＿＿＿＿＿＿

＿＿＿＿＿＿＿＿＿＿＿＿＿＿＿＿＿＿＿＿＿＿＿＿

2 ＿＿＿＿＿＿＿＿＿＿＿＿＿＿＿＿＿＿＿＿＿＿

＿＿＿＿＿＿＿＿＿＿＿＿＿＿＿＿＿＿＿＿＿＿＿＿

＿＿＿＿＿＿＿＿＿＿＿＿＿＿＿＿＿＿＿＿＿＿＿＿

3 ＿＿＿＿＿＿＿＿＿＿＿＿＿＿＿＿＿＿＿＿＿＿

＿＿＿＿＿＿＿＿＿＿＿＿＿＿＿＿＿＿＿＿＿＿＿＿

＿＿＿＿＿＿＿＿＿＿＿＿＿＿＿＿＿＿＿＿＿＿＿＿

＿＿＿＿＿＿＿＿＿＿

寫 下 來 ， 奇 蹟 就 會 發 生

當我感到有點沮喪時

★

我小學時很喜歡歌手三好鐵生，他現在也很活躍。當時他有一首歌非常紅，叫作〈擦乾眼淚〉，健康飲料的廣告採用了這首曲子，副歌有點搖滾天王矢澤永吉的味道，最後一句歌詞是：「加加油！」

我的好友小俊有天突然說：「有支廣告讓人看了很火大。」一問之下，才知道原來就是那個廣告，因為最後一句的「加加油！」令人覺得很搞笑。

我們在學校聊了一下，回家後突然很想看那支廣告，便跑到小俊家借電視。當時電視還沒那麼普及，我手上握著剛開始流行的遙控器，不斷轉換頻道尋找廣告。結果怎麼也找不到，之後就再也沒看到了。比起一個人，兩個人一起看絕對比較有趣。

現在到 YouTube 搜尋「三好鉄生 CM」，隨時都可以看到。當我覺得有點沮喪時，就會點開那支廣告，讓我能持續加油下去。

Date :   /   /   No.

1

2

3

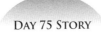

沒有遺憾的人生好嗎？

「留戀」這個詞，聽起來一般會覺得有點負面。被情人甩掉，怎麼也忘不了對方；輸了比賽，不斷抱怨發牢騷；落榜之後，一直想著要是那題沒有答錯的話……過去的都過去了，你要忘記過去，面向未來——大家可能會給對方這樣的建議吧？雖然這麼說很多管閒事，但如果連重視的心情都不懂，會讓人覺得你這個人是怎麼回事。

再怎麼留戀，也總有一天會忘記，因為人是健忘的動物。每天早上起床後，一天的時間就開始流動。時間不斷流逝，隨著年齡不斷增長，我們不再對過去執著的事物感到留戀。但有人還是希望能做個了結，再跟世界道別。對人世沒有留戀，人生可能顯得比較圓滿。

但對我來說，那樣的想法根本是屁。一旦人生有各種有趣的體驗，就會期待更多更有趣的事情。實際上還真是那樣，樂趣會不斷膨脹。高僧一休宗純的臨終遺言是：「我還不想死。」希望我在死前也能這樣說。

Date :　　　　/　　　/　　　　　　　No.

1

2

3

寫下來，奇蹟就會發生

讓眼角產生皺紋

★

我認為臉上沒有皺紋比較好，有皺紋看起來比較衰老。但隨著年齡增長，皺紋會越來越多。理想歸理想，我們還是必須面對現實，老了就是會長皺紋！

我還10幾歲的時候，上面的姊姊已經20多快30歲，那時她還年輕，但我發現當時姊姊的眼尾已經出現皺紋。姊姊是個笑容燦爛無比的女性，如果為了不讓眼尾長出皺紋，而犧牲美好的笑容，也太讓人難過了。之後大概過了30年，身邊長出皺紋的人越來越多，我發現一個現象——皺紋的分布呈現兩極化，有人眼尾皺紋深，有人眼尾皺紋淺。眼尾皺紋深的人笑口常開，皺紋淺的人則不常露出笑容。雖然眼尾皺紋深的人，眼尾細紋多，但臉部整體的皮膚光滑細緻；相反的，眼尾皺紋淺的人，臉部皮膚看起來則暗沉無光。笑的時候會拉動臉部的肌肉，鍛鍊表情肌，減少小細紋的出現，肌膚也會變得較為光滑。現在開始也不遲，讓眼尾刻印出深深的皺紋吧，那相當於美好人生的證明。

Date :   /   /   No.

1

2

3

咖哩加醬汁，草莓淋煉乳

我的母親吃咖哩時，會在上頭淋上伍斯特醬。小時候我曾試著學媽媽在咖哩淋上伍斯特醬，一點也不好吃。後來因為某個體驗，我比較能理解為什麼媽媽會那樣做。東京有間名叫「神谷酒吧」的餐廳，明治年間創業時就有的時髦調酒「Denki Bran」，至今依舊為神谷酒吧的招牌。我在他們旗下的「餐廳Kamiya」點了豬排咖哩飯，吃起來總覺得味道有點不太一樣。我在咖哩淋上跟著餐點一起附上的伍斯特醬後，味道整個濃郁多了，變得超級無敵好吃。原來以前的咖哩味道比較淡，要加醬汁補足味道。

家裡的小孩很喜歡吃草莓，每到草莓產季，我們就會去買大顆的甘王草莓。以前吃草莓會加砂糖或煉乳，而且還有所謂的草莓湯匙，有些人吃草莓時會把草莓壓碎。是的，因為以前的草莓比較酸。說起來，現在吃葡萄時，好像也會連皮帶肉直接吃下去了。

那麼，30年後的咖哩會變成什麼樣子呢？草莓和葡萄的味道也會改變吧？這樣一想，30年後，不對，50年後的咖哩呢？一定要吃到才可以死去。世界變得越來越有趣了呢。

Date : _____ / _____ / _____   No. _____

1

_____

_____

_____

2

_____

_____

_____

3

_____

_____

_____

_____

寫 下 來 ， 奇 蹟 就 會 發 生

你也去跳傘吧

世上分為兩種人，一種是跳過傘的人，另一種是沒跳過傘的人。這是廢話，但沒想到我也有跳傘的一天。某天我一時興起，突然想去跳傘。查了一下，跳傘一次大概是12000多元，日本大概有兩、三個地方，可以跟指導員一起體驗雙人跳傘。我是在兵庫體驗的，搭塞斯納小型飛機飛上天空。我有輕度的懼高，所以嚇得要命。

花了萬元體驗之後，有什麼特別的感想嗎？老實說，沒有什麼不一樣，但做了想做的事後，「做過」的事實確實留了下來。除非是成為專業跳傘員，不然跳傘對人生一點影響也沒有。老實說，很浪費時間，然而得到「做過」的事實後，除了跳傘以外，其他想做的事，難度似乎降低了。之後，我嘗試了高空彈跳、拳擊、北韓旅遊、取得ANA高級會員資格（為獲得里程數而多次搭乘飛機）、自行車之旅等，想做的幾乎都做了。

你也去跳傘吧。至少跳了之後，你就會成為跳過傘的人。

Date :   /   /   No.

1

2

3

寫 下 來 ， 奇 蹟 就 會 發 生

定能飛向天空

我很喜歡搖滾樂團SPITZ的〈定能飛向天空〉這首歌。雖然我平常只聽爵士樂和古典樂,但流行樂也有很多好歌。我最近很喜歡藤井風,松任谷由實則是從以前就很喜歡。〈定能飛向天空〉這首歌,在我大學時期非常紅,唱卡拉OK時一定會有人點。順帶一提,我經營的爵士樂唱片公司,錄製了奧田英理吉他三重奏的版本,貝斯手是重量級大師納浩一,棒呆了。

物理學理論認為,自然界有四大基本作用力,分別是重力、電磁力、強力與弱力。其中大家最熟悉的應該是重力,但重力的作用力卻最小,是物理學最大的疑問之一。我們人類輸給柔弱的重力,無法自由地翱翔天空,但人類強烈的意志卻贏過了重力。有「翱翔天空」這個強烈願望的人,發明了飛機;也就是說,**我們的意志力,明顯比自然界的重力要來得強。所以把願望寫出來,當然也能實現**。今天晚上睡前,就上YouTube一邊聽〈定能飛向天空〉,一邊寫下願望吧。

Date :　　　　　/　　　/　　　　　　No.

1

2

3

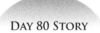

去做「做得到的事」很簡單

這世界的人類分為，大便曾經失禁跟不曾失禁兩種人──這是騙人的，因為大家都曾經是嬰兒。真相是，這世界只存在曾經失禁的人。這裡想請你挑戰一件事：失禁。

你做得到嗎？應該做不到吧。你也不想做，也沒必要去做。也就是說，所有活在當下的人，都做過「做不到的事」。既然如此，今後所有做得到、想做的事，應該都能輕而易舉地做到。我再說一次，所有人都已經把所有「做不到的事」做完了。因此，要做「做得到的事」很簡單。那件「做得到的事」，就是每天書寫。像這樣：

青甘。

你一定也做得到。你想起來了，想起自己一定可以做到。

Date :   /   /   *No.*

1

2

3

寫 下 來 ， 奇 蹟 就 會 發 生

你實在沒辦法去便利商店嗎？

不去實現自己的願望，本來就是相當奇怪的事，不是嗎？因為是自己的願望啊。我們不會去實現沒興趣的事，實現心中的願望，再自然不過。

但這個再自然不過的事，卻不盡然都能做到。就算希望月收百萬，這個願望也很難去實現。但如果心願是想吃冰淇淋呢？應該不會想太多，去便利商店馬上就能買到了。

實際的情況是，有些人能像去便利商店買東西般，實現月收百萬的願望。除了一些狀況比較特殊的人，如果想買冰淇淋，應該不會說「我實在沒辦法去便利商店」吧？如果有人那樣說，我們會問他：「為什麼啊？為什麼？」

同樣的，當你的心願是月收百萬卻不去實現時，只要問問自己的潛意識「為什麼啊？為什麼？」就對了。這樣做，你的潛意識會開始思考：「為什麼呢？」接著再進一步逼問自己：「這很奇怪耶，很奇怪。」如此一來，潛意識就會開始思考「這真的很奇怪」，現實便會發生180度的轉變。

Date :   /   /   No.

1

2

3

DAY 82 STORY

改變人生要先有100萬

★

在飛躍至月收百萬之前，要先有100萬。據「2019年儲蓄實態調查」指出，日本有53％的國民，儲蓄金額在100萬日圓（台幣約22萬元）以下。儲蓄金額有100萬日圓以上的人，比想像中少。但100萬日圓這個金額，只要努力一下就可以做到。包含我在內，很多人都說存了100萬之後，人生就會開始改變。網路上有段「百萬元複製貼上」的名言：「要存到100萬，必須花很長的時間，因為改變自己是很花時間的。然而，一旦存到100萬之後，轉眼間就會變成1000萬、2000萬。」

雖然錢不是人生的一切，但有100萬以上儲蓄的人生，跟沒有的人生差異很大。首先，內心的餘裕程度就有差。雖然100萬日圓是小錢，連車也買不起，卻能大幅減少對未來的不安，讓自己專注在想做的事情上。已經有100萬日圓以上的人，可以往更高的目標前進；還沒有的人，就先以存到100萬日圓為目標。這裡不是要各位追求一夕致富，花10年也可以，慢慢地存到100萬。我儲蓄超過100萬的時候，已經36歲了；14年後的今天，財產是過去的50倍以上，人生也改變了。

Date :　　　　　／　　　　／　　　　　　No.

1

2

3

寫 下 來 ， 奇 蹟 就 會 發 生

賣石頭的男子

柘植義春有篇漫畫叫〈賣石頭〉（收錄於《無能的人》，日本文藝社出版）。故事內容是，不斷遭受挫折的中年男子，在河邊開了間石藝店專賣石頭，卻一個也賣不出去。第一次看到這篇漫畫是我還在念書的時候，衝擊很大。之後，每當看到河邊的石頭，我就會想到那篇漫畫。漫畫的時代背景非常久遠，如果現在把石頭拿去二手交易平台，說不定可以賣得不錯；如果由知名 YouTuber 做成「隨便撿來的石頭，可以賣出幾顆呢？」的企畫，應該也能賣到不錯的價格。但那樣一點也不有趣。重點不在石頭的附加價值和市場行銷，默默無名、不起眼的中年男子，不透過 YouTube 或網路販賣石頭，才有趣。而且如果一顆石頭也沒賣出去，故事就更有趣了。這裡再加點東西進去，比如漫畫中的男子還有靠發傳單維持家計的妻子和有氣喘的 5 歲兒子。

我也想在河邊賣賣看石頭。「你在幹什麼？」「幹什麼？看了不就知道了，我在賣石頭啊。」「是喔。」如果出現這樣的對話，就太好玩了。睡覺時，當然要拿漫畫當枕頭。**人生的過法有很多種，過得去就好。**

Date :　　　　／　　　／　　　　　　　No.

1

2

3

寫 下 來 ， 奇 蹟 就 會 發 生

「我的時代」勝過風的時代

2020年底之後進入了風的時代,靈性類別的創作者,都有志一同地開始以風的時代為題材;但過了兩年後,幾乎沒有人在談了。風的時代源自占星術,講進入「靈性感到舒適」的世界,但兩年過去了,生活也沒什麼太大的改變。當然有人變了,或是變得更好,但並不完全是因為風的時代。

首先,這個世界的創造者是誰?稍微懂靈性理論的人,應該會回答「是我」。沒有錯,這個世界的一切都是「我」創造的。「我」的意志,創造了這個世界,創造了宇宙。當你了解這個前提之後,希望風能改變時代,又有什麼意義呢?

實際創造人生的人,應該都懂這個道理。**人生發生改變,並不是因為時代變成風的時代,而是讓時代成為「我的時代」**。我當然並不否定宇宙存在著生命節奏和法則,但是加上「我的時代」來創造現實,才是最好的。

Date :　　　　　／　　　／　　　　　　No.

1

2

3

對因傑拉的憧憬

我很喜歡旅行，對當地才吃得到的食物特別感興趣，所以覺得越陌生的東西，越有趣。在越南等中南半島的很多地方，都買得到快孵化完成的鴨仔蛋，看起來有點怪異，卻滿好吃的；東南亞路邊攤販賣的榴槤，冰起來更美味；一發現有蟲食，我一定會買來嘗嘗；我還特地從瑞典進口有「世界第一臭食物」之稱的瑞典鹽醃鯡魚，到貨之後拿到家裡附近的公園享用。

衣索比亞的主食因傑拉，是把名叫苔麩的穀物磨成粉，加水溶解後發酵，做成像可麗餅的薄餅。據說因傑拉看起來像抹布，吃起來非常酸，味道難以形容，但我好想吃吃看。我發現東京的中目黑有衣索比亞餐廳，就找了朋友一起去品嘗道地的衣索比亞料理。比起單吃，因傑拉搭配燉菜比較好吃，但我應該暫時不會去吃了。這世界還有許多未知的事物。

重複去吃熟悉的、知道一定好吃的食物，當然也很好，但嘗試從來沒吃過的食材，說不定能開拓新眼界。對你來說，充滿未知的料理是什麼呢？

1

2

3

寫 下 來 ， 奇 蹟 就 會 發 生

添麻煩也沒關係

★

雖然從我懂事之後，父母就給我相當程度的自由，但進入青春期還是變得很叛逆。基本上我總是在反抗父母，即使如此，寬容的父親還是對我說：「只要不給人添麻煩，你想做什麼都可以。」不知為何，這句話讓我很反感，便頂嘴回道：「不給別人添麻煩，這種無趣人生我才不要。」當時的我 18 歲，母親氣得全身發抖、整張臉發青，父親則是笑了出來。那時的一句氣話，現在回想起來確實講得沒錯。人從出生的那一刻，就開始給人添麻煩了。一個人什麼也做不了，食衣住行都必須仰賴別人，想哭就哭，想笑就笑，半夜還把人叫起來照顧自己。沒有任何例外，所有人都是這樣長大的，這可以說是嬰兒的特權。但我們長大之後，還是給不同的人添麻煩，而每次給人添麻煩時，都能得到諒解，「大人給予的寬容」成就了現在的我。

給人添麻煩沒關係，但換成別人給自己添麻煩時，要記得微笑以對。微笑以對很重要。不需要去限制自己或別人，發生麻煩事的時候，笑笑地讓它過去就好。希望大家能一起創造出廣闊的世界。

Date :　　　　　／　　　　／　　　　　No.

1

2

3

寫 下 來 ， 奇 蹟 就 會 發 生

卡其色的求職西裝

★

大學四年級的時候，我參加了求職活動。跟現在不一樣，以前沒有網路，所以我從求職雜誌剪下應徵用的明信片，一張一張手寫投遞履歷。參加企業說明會時，其他人都穿著深藍色的西裝，只有我的西裝是卡其色，在當中顯得特別突兀奇怪。

當時我覺得卡其色西裝是我的「個人特質」，比起量產型的糖果，公司應該比較願意錄用像我這種有個性、色彩豐富的人。但卡其色西裝並未獲得良好評價。後來發生各種事情，我在7月左右放棄求職。現在回想起來，大概能理解為何那套西裝沒有為我帶來任何好處。

沒有人會否定個人特質的重要性，但顯露於西裝上的不是個人特質，而是內涵。看過上萬名學生的面試官，當然能看透這些。

自以為是個人特質，讓我吃了大虧。有個性的人，再怎麼努力融入團體生活，大家還是會發現他們的存在。喜歡卡其色沒有什麼問題，但那不是個人特質。個人特質指的是，如何讓自己的能力發揮到最大，能否盡情地去做想做的事。

Date :　　　　/　　　/

No.

1

2

3

現在是「女人60才開始」

10多年前聽到別人說「女人40才開始」，莫名地覺得很有道理。女人越年輕越好的想法，根本是幻想，隨著年紀增長，女性會越來越成熟美好。再過不久我就要50歲了，最近開始聽到有人說「女人50才開始」。這可能是比較私密的話題，但女人在50歲前後，一定會發生某種巨大的變化。經過變化後，要活得更積極有野心，還是拋棄身外之物，過低調的隱居生活，一切都由自己決定，而非年齡。

前幾天我跟超過60歲的男性友人一起喝紅酒時，他說女人60才開始。確實如此，我高中時的40歲，跟現在的40歲不同。可能我也剛好到了這個歲數，以前覺得40歲是精明能幹的中年婦女，現在的40歲則還是活力滿滿的女孩，50歲也仍是風情萬種。雖然60歲會變怎樣，我還沒有什麼實際感受，但10年後大家一定會說，60歲依舊風光無限。那個時候可能會開始說「女人70才開始」，20年後則可能會說「女人80才開始」。一切都掌握在自己手上，同樣的道理也適用於男性身上。

Date :   /   /   No.

1 _____
  _____
  _____

2 _____
  _____
  _____

3 _____
  _____
  _____
  _____

寫下來，奇蹟就會發生

站在小麥的立場思考後
發現的可怕事實

★

相對於人類歷史來說，小麥的歷史非常短淺。人類400萬年的歷史中，小麥大概於1萬年前才為人類所食用。小麥原本只是長在路邊的雜草，為何會變成現在深受大家喜愛的食物呢？站在小麥的立場思考，便能發現可怕的事實：小麥將人類當作奴隸般使用，稱霸了地球。為了讓親愛的小麥平安長大，人類忍著腰痛，抵禦外敵，給予肥料，悉心地照顧麥田。人們現在依舊熱愛小麥的美味和熱量，在世界各地大量生產。另一方面，人類卻因為小麥而飽受家畜傳染病之苦，世界最大的小麥糧倉也深受戰爭的摧殘。這裡並非呼籲大家敵視小麥，而是提醒各位換個角度思考，可以看到不同的新世界。

某個IT產業的創業家不知為何經常被視為壞人，他也是世界上數一數二的資產家。如果我是他，我會做什麼呢？我想為人類奉獻。不去說成功者的壞話，而是站在成功者的立場思考。站在實現夢想的立場思考，你可以看到不一樣的景色。

Date :　　　　　/　　　/　　　　　　No.

1

2

3

寫 下 來 ， 奇 蹟 就 會 發 生

用Baccarat水晶杯喝氣泡水

★

原本只是用來做果汁和調酒的氣泡水轉變為直接飲用，是近幾年的事情。便利商店有賣好幾種氣泡水，氣泡水也被認為是精緻的文青飲料。

想再精緻一點的話，可以狠下心去買法國精品餐具Baccarat的水晶杯來喝氣泡水。

以前我跟某位社長去酒吧喝酒時，他們的芋頭燒酒就是裝在Baccarat酒杯裡，真的非常好喝。有次某個通曉威士忌的朋友帶了一瓶拉佛格30年的威士忌來露營，那瓶酒在網路上，一瓶可能要2萬多元，但露營場只有紙杯，我們只好用紙杯喝，結果一點也不好喝。那時我想到，物體都有其特有的波動，而液體和固體相比，固體的強度勝過液體，因此玻璃杯的波動，會改變酒杯中液體的波動。人也一樣，假如人是液體，環境就相當於玻璃杯，所以我們要選擇好的環境。想體驗什麼是好環境，你可以買個Baccarat的水晶杯，用來喝水看看，這也是一種自我投資。**我們不可以小看環境，意識提升時，自然就會想提升自我。**Baccarat水晶杯是個好工具。

Date :   /   /   No.

1

2

3

寫 下 來 ， 奇 蹟 就 會 發 生

布料會吸收波動

我有個古怪的朋友叫小彌,她是《幸福接連降臨!連續 7 天「神」之大掃除》的作者岡本彌子。該說她有千里眼嗎?總之她能從遙遠的地方透視一個人周邊的空間,並給予意見,快速解決問題。她也真的說中我房間的格局。

有一天,我向巧遇的靈性諮商師提出問題:

「55 歲,無業,單身,沒有技能,沒有任何證照,也沒有存款——換句話說,魯蛇男怎麼做才能逆轉人生呢?」

靈性諮商師回答:「沒實際見過面,我不知道怎麼回答。」的確是這樣沒錯,可以理解。但同樣的問題,我也問了小彌。

她說:「叫他先把所有的內褲都丟掉!那個人 20 年都穿一樣的衣服,可能沒什麼錢,所以我不會叫他丟上衣,但內褲絕對要丟掉!上面沾染到糟糕的波動。然後叫他去隔壁鎮上的大眾浴池,好好泡澡,洗淨波動。先從這邊開始!」

布料會吸收波動。比方說,跟情人分手後,就要把內衣褲丟了。對包覆自己的波動要特別敏感。

Date :　　　　　　 /　　　　 /　　　　　　　　No.

1

2

3

寫 下 來 ， 奇 蹟 就 會 發 生

DAY 92 STORY

從 358 到 369

我很喜歡小林正觀（編按：日本心理學博士、作家）。剛踏入靈性世界時，我因緣際會從網路知道他的名號。

正觀老師的「掃笑感法則」，也就是藉由「打掃、笑口常開、感謝」來達到覺悟，真的是如此。他也介紹了許多影響我很多的概念，其中一個就是神祕數字「358」。這個魔法數字的緣由，有好幾種說法，例如「釋迦牟尼佛是在35歲又8個月時覺悟」「風水認為3是金運，5是財運，8則最強」等。對這個數字深信不疑的人意外地多。看到車牌號碼「0358」，就可以知道車主是神祕數字358的信奉者。但正觀老師過世後，我覺得時代改變了，神祕數字從358變成369。「3」是宇宙的數字，我曾經在拙作提過，「358」代表金運、財運等，給人的感覺是非常現世、地球的數字。若以3為主軸，再往前進一步，就變成「369」，「彌勒」在此出現。雖然我沒有直接跟正觀老師確認過，但說不定他會說「差不多是彌勒要降臨的時候囉」。

Date : 　　　　　/　　　　/　　　　　　No.

1

2

3

彌勒菩薩就是超人力霸王

★

2020 年之後的 5 年，應該會是極具象徵性的時代。如大家所知，新型冠狀病毒席捲全球，徹底改變了人們的生活樣貌。教科書絕對會把這段歷史寫進去。

實際上，許多人染病，甚至死亡，即使現在已是 2023 年，我們也沒辦法說人類完全擺脫了新冠疫情，這是不爭的事實。雖然現階段這樣說有點敏感，甚至可能遭到誤會，但我也不諱言，我認為疫情不光只是帶來負面的影響，社會認同新冠疫情是「人類歷史轉折點」的那天，將會到來。

新冠病毒可以說是「567」，甚至可以解釋成彌勒菩薩的化身，是降臨於 56 億 7000 萬年後的未來佛陀。

說到彌勒菩薩，京都廣隆寺的半跏思惟像非常有名，就連哲學家卡爾・雅斯培也大為讚嘆。2022 年「新超人力霸王」成為熱門話題，而超人力霸王的原型，就是彌勒菩薩的古拙微笑。

來自光之國的超人力霸王＝彌勒菩薩，創造彌勒時代的使者絕對會幫助我們。

Date : _____ / _____ / _____　　(*No.* _____

1

_____

_____

_____

2

_____

_____

_____

3

_____

_____

_____

_____

精靈也能派遣 ?!

★

我最近認識了一位很有個性的朋友,她叫須王花神,是《有花就有神:通靈花藝師帶你用花與神相遇》的作者。我曾經在YouTube跟她對談,她說從某個時候開始突然看得到精靈。我當時覺得,她絕對在騙人,因為我知道,很多人說自己看得到,只是在蹭靈性的熱度,對現實生活一點幫助也沒有。

難得的對談,我表面上順著她的論點,半開玩笑地試探她:「那請妳派遣一下精靈到大家面前。」結果她說「那還不簡單」,馬上把花束拿到手機鏡頭前,開始擺飾起花。過了幾天,在YouTube看了那部影片的觀眾回報說:「真的有精靈來找我。」

怎麼可能?結果一個月後,我的月收突破了千萬日圓。據說,須王花神在創業的第一年,營收就超過一億日圓,雖然錢無法代表一切,卻是非常具體明顯的指標。**精靈是實現願望的強力後援,派遣的方法卻非常簡單:只要在房間擺設花朵就好。**我從來不會在房間裡擺花,但現在不同了,精靈真的存在。

Date :   /   /   No.

1

2

3

花真是太棒了！

★

花很奇妙。首先，花不能吃，而且還不便宜。堀江貴文因違反證券交易法入監服刑時，在獄中表現良好，等級因而提高，可以買的東西變多，那時他買的就是花。

描寫堀江監獄生活的漫畫《我坐過牢，你有什麼想問的？》中說：「花真是太棒了！」欣喜萬分的那一幕讓我印象深刻。想想，過去我好像不曾買過花。原以為堀江會說：「花?!不需要啦，又不能吃！給我麥當勞！麥當勞！」沒想到他竟然像少女一樣說：「花真是太棒了！」花朵讓他的眼睛閃閃發光。曾經在日本呼風喚雨的堀江貴文，因為活力門事件失足。這樣說可能多管閒事，那時他如果有餘裕去欣賞花，應該可以在江湖上混得更好。

世上能吃的、有用的，未必代表一切，這個世界也有沒有它們也活得下去、買了說不定是浪費的東西，但**我們的人生，卻多虧了這些「沒用的東西」，運勢開始上升**──雖然不知道是怎麼回事，但凡事都很順利。現在我可以很肯定地說，一切都是多虧了花。

Date : _____ / _____ / _____   No. _____

1 _____

_____

_____

2 _____

_____

_____

3 _____

_____

_____

_____

世上真的有奇妙的事

這是我從一位親密朋友那裡聽到的故事，這裡就不講是誰。朋友的妹妹在 20 歲時，罹患了原因不明的血液疾病。雖然不會馬上危及性命，卻必須吃一輩子的藥，而且懷孕生產很危險，人生大半受到各種限制。某天，據說她試著透過通靈的方式尋找解方時，腦中浮現「百年前的家族紛爭」這幾個字。她跟父親兩人便前往因緣深厚的長崎縣，找到知道當時家族紛爭的人，那位長者高齡 99 歲。聽說對方非常驚訝他們怎麼會知道這件事。總之他們能做的，就是祭祀亡者。結果妹妹的病完全好了，現在是三個孩子的母親，彷彿忘了曾經得過疾病般非常健康。

生病時，第一件事就是去看醫生。但世上還是有很多奇妙的事情，再怎麼困難的問題，也總會找到解決方法。最初先從看得見的地方著手，最後說不定能從看不見的領域得到訊息，絕對不要輕易放棄。

1

2

3

不斷拯救我的一段話

我在2005年辭掉工作，跑去印度。這裡省去細節，總之抵達印度的第一天，我就被惡徒和無良旅行社欺騙，幾乎失去了所有錢財。

我費盡千辛萬苦，終於從ATM領了1000元出來，飛往原定行程——屬於西藏文化圈的拉達克。那筆錢我必須用一個禮拜，因此沒其他事情做，每天早早就上床睡覺，卻總是在半夜醒來。半夜讀保羅·科爾賀的《牧羊少年奇幻之旅》時，下面這段話讓我印象深刻：

「當你真心渴望某樣東西時，整個宇宙都會聯合起來幫助你。」

我在這句話旁邊畫線，反覆閱讀，重複看了好多次。「真的假的？之後該怎麼辦才好？就算平安歸國，我以後要靠什麼生活？」心中有各種煩惱，如果宇宙真能幫助我，就太好了。我只能選擇相信。後來我奇蹟般地回到德里，發生了很多事情，最後回到日本。

過了17年，宇宙真的幫助了我。當我遇到危機，總會發生奇蹟解救我。那段話是真的，你渴望的東西都會實現，因為宇宙永遠都會站在你那邊。

Date :   /   /   No.

1

2

3

寫 下 來 ， 奇 蹟 就 會 發 生

可以任意移動的將帥

✦

寫在紙上，願望就會實現，這是真的。但寫出來的東西，要是真的「全部」都實現的話，會怎麼樣？各位可能會想，把願望寫出來，不就是為了讓所有願望全部實現嗎？但真的是那樣嗎？

「得到100億」「跟全國第一的美女交往」「變得很強，強到贏過專業拳擊手」「得到讓所有人都能安居樂業的權力」「習得可以讓討厭的人消失的魔術」，假如有人許了這樣的願望，全都實現的話會怎樣呢？這樣真的好嗎？

老實說，我受不了。我敢保證，那樣一點也不有趣。比方說象棋，如果只有我手上擁有可以任意移動的將帥，一點也不好玩。第一步棋就把對方的將帥吃掉的話，對局就結束了。這種遊戲每天玩一百次，腦袋絕對會變得很奇怪。**有成長，人才會感到快樂**。剛創業的時候，第一筆賺到的 2000 元，真的讓我非常開心。能力隨著時間不斷增長，成長的過程，才是真正的神。所以現在的你，正與神同行。

Date :   /   /   No.

1

2

3

寫 下 來 , 奇 蹟 就 會 發 生

學會九九乘法

★

「7×8是多少？」你應該可以馬上算出來，答案是56。原本要以這樣的方式計算才有辦法得到答案：「7顆彈珠排成一列，總共排8列，數數看全部有幾顆。」但我們不必那樣數，也不需要計算機，就能快速得到答案。原因很簡單，因為小學二年級學過九九乘法。九九乘法是人生學到的第一個捷徑祕技。不會九九乘法，生活上可能會有很多不便之處，因為日常充滿各種類似九九乘法的東西。學習本來就是為了追求人生的捷徑祕技。對某些人來說，月收百萬可能遙不可及，但對其他人來說，月收百萬只是基本盤，這之間最大的差異就在於，你是否知道月收百萬的九九乘法。

截至今天，你已經連續99天，學習了各種不同的九九乘法。比方說，在房間裡擺設花，知道這個祕技的人，人生就會跟不知道的人產生極大的差距。而不只是人生的知識或技巧，思考方式本身也是一種九九祕技，後面就看你怎麼運用。九九祕技當然有無限多種，但本質上是人生的捷徑，加快你前進的步伐。雖然明天這本奇蹟之書就會告一段落，後面還有很長的路要走。

Date : _____ / _____ / _____　　　No. _____

1 _____

_____

_____

2 _____

_____

_____

3 _____

_____

_____

_____

來自外星智慧生命體的訊息

希望大家把這篇當作童話故事來看。這幾年太陽黑子的活動減少，這個物理現象對地球和宇宙生態帶來了影響。宇宙因太陽黑子，區分出「這個宇宙」和「那個宇宙」，兩者完全相似。然而太陽黑子的活動變少，使兩個宇宙之間的能量循環停滯，另一邊的宇宙因能量過剩，即將面臨潰堤，那個宇宙的外星智慧生命體（外星人）因此前來尋求幫助，關鍵就在於我們地球人身上。

智慧明顯超越地球人的外星智慧生命體，其實對於擁有「身體＝情感」的地球人相當好奇。從情感湧現出來的愛和喜悅的力量，對宇宙調和有所貢獻。正因如此，我們必須活得充滿愛和喜悅。宇宙本來百分之百就是愛和喜悅，正因為地球人擁有憤怒和悲傷的情緒，我們才有辦法強烈感受到愛和喜悅的珍貴之處。也就是說，**活得快樂是人生的義務，活得越快樂，越能為宇宙做出貢獻**。希望各位都能盡情享受人生，幫助宇宙。

Date :　　　　／　　　／　　　　　No.

1

2

3

後記

通關密語就是──隨便怎樣都好！

恭喜你完成100天的奇蹟！
有些人可能處於各種不同的階段，「不不不，現在才正開始」
「其實我一度失敗，又重新挑戰了一次」「我什麼都還沒做，
只是先跳到後面看後記而已」……老實說，隨便怎樣都好！

就像前言提過的，2014年出版的拙作《實現夢想時，「什
麼」會發生呢？》廣為許多人閱讀，不但傳播到海外，也出版
成文庫本。而那本書附錄的「祕笈筆記本」，則進化成現在你
手上這本書。
那本書從2014年出版至今，已過了9年，我自己也發生了許
多變化。
當時充滿幹勁──「我要盡全力實現願望！」現在變得沒那麼
執著了。
或許跟這幾年有不少親密友人、前輩和老師相繼過世有關。無
論再怎麼努力，人總有一天會死，所有人早晚都會走到人生最

後的里程。當我感受到那個事實離我又近了一點時，覺得更要活得像自己。

老實說，我們根本沒時間去追求自己以外的事物。夢想和願望，都是建立在否定「現在的自己」之上。實踐 100 天的奇蹟時，有好幾個原則，其中我最重視的就是：描述願望的內容，每天不同也沒關係。

第一天的願望跟現在的自己差距很大沒關係，每天不斷寫下願望，你可能會覺得夢想越來越明確，或是感覺哪裡不太對勁。在第 100 天，可以重新發現「真正的自己」。

可能有很多人實現了願望，也有些人還沒。但沒關係，先去吃個冰淇淋喘口氣，隨便怎樣都好。反正我們總有一天都會死，在人生旅途結束之前，只要現在好好地活著就好。願望，總會實現的。

100天的短文讀起來如何？有些人讀了感到很認同，有些可能會讓你覺得「意義不明」「很蠢」，但我可是寫得非常認真。人生路上各種有的沒的，隨便怎樣都好！這就是我們的通關密語。

這本書出現了許多人物，有些人可能會覺得，「嗯？這是在講我嗎？」對不起，擅自把你寫進書裡。我想藉這個機會跟大家致謝，下次我請客。

最後，我想謝謝總是非常照顧我的Sunmark出版社金子尚美總編輯、植木宣隆社長和全體員工，多虧了你們，這次才能又完成一本好書。

當然還有各位讀者、部落格和YouTube的觀眾、家人，和我所有的夥伴，感謝大家，感謝一切，謝謝！

進入陰陽道祕術
「引發奇蹟的祕法」音檔

作曲、演奏：杉山正明／陰陽師：愛華德・淺井
製作人：石田久二

【下載方式】
請透過手機讀取下方QR碼來聆聽。

【建議使用方法】
此音檔是由世界級音樂家杉山正明所演奏，音檔隱含
身兼國際資產顧問與活躍陰陽師身分的愛華德・淺井
的祕法，能成為你實現夢想時強而有力的後盾。
建議於「思考三個願望時」「實行每日奇蹟時」「入
眠或起床」等情況下使用。
但你可以在任何想聽的時候聆聽，歡迎自由自在地運
用。

www.booklife.com.tw　　　　　　　　　　reader@mail.eurasian.com.tw

自信人生 184

寫下來，奇蹟就會發生：讓人改變與覺醒的百日魔法書

作　　者／石田久二
譯　　者／謝敏怡
發 行 人／簡志忠
出 版 者／方智出版社股份有限公司
地　　址／臺北市南京東路四段50號6樓之1
電　　話／（02）2579-6600・2579-8800・2570-3939
傳　　真／（02）2579-0338・2577-3220・2570-3636
副 社 長／陳秋月
副總編輯／賴良珠
主　　編／黃淑雲
責任編輯／胡靜佳
校　　對／胡靜佳・黃淑雲
美術編輯／蔡惠如
行銷企畫／陳禹伶・蔡謹竹
印務統籌／劉鳳剛・高榮祥
監　　印／高榮祥
排　　版／杜易蓉
經 銷 商／叩應股份有限公司
郵撥帳號／18707239
法律顧問／圓神出版事業機構法律顧問　蕭雄淋律師
印　　刷／祥峰印刷廠

2023年8月　初版
2023年8月　2刷

100NICHI NO KISEKI
BY Hisatsugu Ishida
Copyright © Hisatsugu Ishida, 2022
Original Japanese edition published by Sunmark Publishing, Inc., Tokyo
All rights reserved.
Chinese (in Complex character only) translation copyright © 2023 by Fine Press, an
imprint of Eurasian Publishing Group
Chinese (in Complex character only) translation rights arranged with
Sunmark Publishing Inc., Tokyo through Bardon-Chinese Media Agency, Taipei.

定價360元　　　　　ISBN 978-986-175-753-7　　　　版權所有・翻印必究
◎本書如有缺頁、破損、裝訂錯誤，請寄回本公司調換　　　Printed in Taiwan

或許你看不見精靈的模樣，但你看得見花。精靈總是與花同在，所以擺飾花卉等於邀請精靈來到你身邊。

——《有花就有神》

◆ **很喜歡這本書，很想要分享**

圓神書活網線上提供團購優惠，
或洽讀者服務部 02-2579-6600。

◆ **美好生活的提案家，期待為你服務**

圓神書活網 www.Booklife.com.tw
非會員歡迎體驗優惠，會員獨享累計福利！

國家圖書館出版品預行編目資料

寫下來，奇蹟就會發生：讓人改變與覺醒的百日
魔法書／石田久二 著；謝敏怡 譯．-- 初版 .-- 臺
北市：方智出版社股份有限公司，2023.08
224面；14.8×20.8公分 --（自信人生；184）
譯自：100日の奇跡
　ISBN 978-986-175-753-7（平裝）

1.CST：成功法　2.CST：自我實現

177.2　　　　　　　　　　　　　　　112009489